华为，
不仅仅是
世界500强

宋政隆 著

中国商业出版社

图书在版编目（CIP）数据

华为，不仅仅是世界 500 强 / 宋政隆著 .-- 北京：中国商业出版社，2020.9

ISBN 978-7-5208-1215-3

Ⅰ.①华… Ⅱ.①宋… Ⅲ.①通信企业—企业管理—经验—深圳 Ⅳ.① F632.765.3

中国版本图书馆 CIP 数据核字 (2020) 第 141499 号

责任编辑：侯　静　　杜　辉

中国商业出版社出版发行
010-63180647　www.c-cbook.com
（100053 北京广安门内报国寺 1 号）
新华书店经销
三河市国新印装有限公司印刷

*

710×1000 毫米　16 开　13 印张　185 千字
2020 年 9 月第 1 版　2020 年 9 月第 1 次印刷
定价：48.00 元

* * * *

（如有印装质量问题可更换）

前言

日前，华为公布了2019年全年的成绩单，全年实现销售收入超过8500亿元人民币，同比增长18%左右。华为用19万员工合力书写的这份成绩单，在向世界庄严宣告着这个昔日只有十几人的微型民营企业的辉煌晋级。华为，不仅仅是一个世界500强企业，更是一个具有丰富精神内核、坚持不懈探索未来成长之路的文化载体。

华为掌门人任正非经常说："华为没有成功，只是在成长。"在他的眼中，华为的成功必须是历经市场检验，坚守企业的经营理念和生存信条，与时俱进地提供高品质的产品和优质的服务，通过持续优化为华为、华为人乃至世人创造出更好的局面。

在过去的30多年里，华为为了走出早期粗放式管理阶段，不惜削足适履，艰难地一步步地走上规范化管理之路；为了打造人才竞争力优势，华为不惜高薪吸引人才，并建立起一套以奋斗者为本的利益分享机制；为了避免华为人因眼前的成绩而自满骄傲、不求进取，任正非敲响的警钟仍在长鸣，它无时无刻不在提醒人们要经常进行自我批评，长期坚持艰苦奋斗；为了让企业走得更远，华为在战略上日益开放、合作，持续向全球市场伸出无数根"触角"，与越来越多不同国家的客户建立起了合作关系，即便是条件极度艰苦的地区也要展开业务覆盖……

更有甚者，为了避免有朝一日遭遇市场极限挑战，华为在理性创新的同时多年坚持自主研发。在华为的19万名员工当中，研发人员所占的比例高达45%，其近十年来研发投入高达人民币数千亿元。2019年，华为在面对美国实体名单封锁以及国际市场的围追堵截时仍然从容面对，实实在在地验证了华为的高瞻远瞩与华为研发实力所在。

华为一直在面向未来，对外积极拓展，对内优化管理，这不仅让华为拥有了越来越强健的体魄，而且还使其获得了足以抗击意外事件和超强压力的硬核力量。昔日的努力决定了华为今日的荣光，而今天的努力则会为华为的未来拉开更大的序幕。

谨此，与读者朋友和管理同人们共勉！

目录

第一章 战略聚焦，优势集中，保持核心竞争力 / 1

一、保持战略聚焦，兵力集中，以机会驱动发展 / 3

二、坚持客户导向，输出高质量服务，快速响应 / 9

三、"深淘滩，低作堰"，共同建设行业生态繁荣 / 15

四、保障战略投入，保持规模扩张与抑制的平衡 / 21

第二章 开放合作，全面贯通，打造敏捷化组织 / 27

一、主动开放，资源整合，以集成实现高能效 / 29

二、建设"铁三角"作战单元，让一线指挥后方 / 33

三、精简组织层级，以大平台实现资源优化共享 / 41

四、全流程贯通规范，保障需求响应快速顺畅 / 46

第三章 面向市场，理性创新，勇于挑战无人区 / 53

一、自主创新，以核心技术打造企业竞争力 / 55

二、保障研发的商业实现，反对盲目创新 / 58

三、拥抱颠覆型创新，敢于深入无人区 / 61

四、创新业务模式，助力客户的商业成功 / 65

第四章　严守规则，严格自律，走上规范化管理之路 / 71

一、削足适履，三化管理，积极探索最佳管理模式 / 73

二、以法治代替人治，以规则实现规范化管理 / 76

三、打造领导力素质模型，以身作则，廉洁自律 / 80

四、养成高度职业化意识，脚踏实地，有责任担当 / 85

第五章　打造事业共同体，传承奋斗者文化 / 91

一、以事业打动人心，持续建设事业共同体 / 93

二、学习军队文化，打造战斗型精兵组织 / 98

三、团结协作，胜则举杯相庆，败则拼死相救 / 103

四、强化危机感，不忘初心，坚持艰苦奋斗精神 / 108

第六章　打造人才优势，能上能下，推动人才持续成长 / 117

一、聚集人才，打造强悍的人才优势力量 / 119

二、择优用才，通过内部竞争激活沉淀层 / 122

三、基于人才需求，建立职业发展双通道 / 125

四、能上能下，保障人才的内部流动 / 129

第七章　以成果为导向，系统评价实际业绩贡献 / 135

一、以奋斗者为本，预先绩效承诺，强化奋斗行为 / 137

二、以商品化导向评价，关注盈利和战略贡献 / 142

三、以团队价值实现为基准，并确保评价的公平性 / 147

四、让评价结果与淘汰机制挂钩，消除惰化心理 / 150

第八章　坚持利益共享，价值分配向奋斗者倾斜 / 155

一、力出一孔，利出一孔，与奋斗者分享利益 / 157

二、优化持股，利益捆绑，打造命运共同体 / 161

三、实施竞争性薪酬模式，采取差异化回报方式 / 165

四、健全保障体系，根据员工实际需求设计激励措施 / 168

第九章　自我批评，全员赋能，打造学习型组织 / 175

一、自我批判，红蓝较量，创造持续进步与发展 / 177

二、训战结合，全员导师，让人才持续赋能 / 182

三、以空杯之心，自动归零，全员终身坚持学习 / 186

四、创立华为大学，打造"付费"学习型组织 / 190

后　记 / 195

参考文献 / 196

第一章

战略聚焦，优势集中，保持核心竞争力

战略是企业为了实现长远目标而做出的一种全局性规划，任何企业若想『争一世之雌雄』，那么必须从全局的视角出发来做出周密的规划，以帮助企业充分发挥自身的独特优势，打造出自己的核心竞争力，区别于乃至领先于其他企业，进而在激烈的市场竞争中求得生存与发展的契机，抢占领域制高点。

一、保持战略聚焦，兵力集中，以机会驱动发展

在企业管理学领域，很多管理者倡导"不把鸡蛋放在一个篮子里"的多元战略，以此降低满盘皆输的可能性。但是，如果一个企业选择战略多元化，那么很容易造成企业内外部冲突问题，比如多方因抢夺资源而出现不必要的消耗，其分散的资源状态也不利于集中发挥主体优势，由此便会钳制企业行进与发展的速度。

而华为认为，一个好的企业战略应是在较长的时期内保持聚焦状态的。任正非说："要敢于将鸡蛋放在一个篮子里，把活下去的希望全部集中到一点上。"所以，华为选择了战略聚焦模式，即是集中优势力量，专注于所选择的行业领域，去捕捉机会和实现自身发展。

1. 管道战略设计与业务聚焦

在全球信息和通信技术产业中，每个企业都有自己的选择，比如，开发芯片、开发基础软件、提供贴近客户的电子消费终端、企业运营管理……而华为的选择是管道。这里所说的"管道"是一种资源获取与输出的途径。当一个企业能够让希望获取的资源源源不断地进入企业时，那么所谓的"管道"便建成了。

2012年，华为公司正式明确了其特色战略——管道战略，这意味着华为将长期坚定不移地聚焦管道业务，所有业务将沿着管道进行资源整合与延伸发展。

在华为管道战略中，"管道"是从技术视角出发而设计的承载信息的数字管道，华为人形容它是："为互联网传递数据流量的管道做铁皮的……"具体而言，华为的移动/固定宽带，发挥着信息输送与短期存储的功能，可以帮助客户获取所需的信息资源；因特网协议（IP Video）平台和会话描述协议（SDP）平台等信息管道的使能平台，可以帮助客户更充分地发挥信息管道功能，进而创造更多的收益；而基站设备（BSS）如同管道运营和计费系统，网络能源则为管道输送提供智能支持，使ICT网络向5G、全云化平滑演进。

华为的这些战略细分型设计都是服务于这条大管道，并全力帮助客户更有效地应用管道体系。同时，华为还会适当投资一些产品解决方案，以拓展管道的覆盖领域与容量，使客户和华为都得到更大的增能空间。

这样看来，华为的管道战略本质上又是一种集中型战略。具体而言，面向企业和行业时，华为聚焦的是企业和行业所需要的ICT基础设施，只做ICT基础设施产品提供商，而非细分领域的应用软件；面向运营商网络时，华为聚焦的是E2E（端到端）大管道架构，将企业解决方案设计的目标设定为"高带宽、多业务、零等待的客户体验"；面向消费者时，华为着力开发能够产生流量和消费流量的网络终端，比如无线技术在消费者中的使用——手机，而非随意一种电子产品。

2. 集中优势兵力，攻克"针尖领域"

基于管道战略，华为必须抢占领域制高点，这就是所谓"针尖领域"。那么，大数据的制高点在什么地方呢？在10%的企业或地区。如果从世界范围来看大数据流量，那么，在日本，3%的地区汇聚了70%的数据流量；在中国，10%左右的地区汇聚了90%左右的流量。

对此，任正非对内做出明确指示："在大数据流量上，我们要敢于抢占制高点。我们要创造出适应客户需求的高端产品；在中低端产品上，硬件要达到德国、日本那样基本不维修的水平，软件版本要通过网络升级。高端产品，我们还达不到绝对的稳定，但一定要通过加强服务来弥补。"他还提到："如果我们不能在高价值区域抢占大数据流机会点，也许这个代表处最终会萎缩、边缘化。这个时代在重新构建分配原则，只有努力占领数据流的高价值区，才有生存点。"因此，自2012年开始，华为在过去扎实积累、学习的基础上，集中全部力量，紧抓"大数据"潮流，进入抢占战略制高点的关键时期。

而随着技术的进步与发展，企业践行管道战略所依附的不再是大数据，而是转为图像。2016年10月，任正非在内部讲话中提到，"我们错过了语音时代、数据时代，世界的战略高地我们没有占据，我们不能再错过图像时代"。华为瞄准企业的机会窗口，再次发起抢占战略制高点的冲锋。

为了确保企业战略的实现，华为特别强调人力与资源的集中。对此，《华为基本法》中是这样解释的："在成功关键因素和选定的战略生长点上，以超过主要竞争对手的强度配置资源，要么不做，要做，就极大地集中人力、物力和财力，实现重点突破。"

事实上，这一点从华为发展过程中可窥见一斑。创立之初，华为把代理交换机业务所取得的利润几乎全部集中投放到小型交换机的研发上，然后通过局部的突破逐渐取得技术的领先和利润空间的扩大。这种技术领先为华为带来了机会和利润。随后，华为又将利润投放到升级换代产品的研究开发中，如此不断向前冲锋。

当然，华为在发展过程中也出现过其他战略方向上的探索。2002年，华为3G建设进展缓慢，任正非考虑将华为硬件体系以100亿美元的价格出售给摩托罗拉，然后进军房地产业。后来，因摩托罗拉董事长人选的更迭问题而导致交易失败。然而，这一结果反而使华为更坚定了战略认知：坚持战略聚焦与专注，让资源更加集中。

时至今日，尽管华为的实力突飞猛进，但华为仍然坚持集中力量聚焦于核心领域的研发，将相对有限的资源投掷于一点上，力求实现重点突破。而这种集中兵力打歼灭战的战略打法，极大地保障了华为战略的实现与落地，为华为创造了技术领域的领先与优势，使其以极快的反应速度、高质量的产出（产品和服务）赢得了来自市场与客户的认可。

3. 不上市，不贪恋资本

华为的战略聚焦还体现在不上市、不贪恋。

一般来说，大多数企业将上市作为企业发展的重要里程碑，也是企业快速募集发展资金的重要手段——当大量投资者认购公司股票时，公司的市值便会呈几何级数增长。以阿里巴巴为例，2014年9月19日，阿里巴巴仅上市首日市值便上涨了38%（从原来的1660亿美元上升到了2300亿美元）。在世界财富500强企业中，几乎99%的企业都是上市公司，然而，华为却是一个例外。

作为一家员工内部持股的500强民营企业，华为常常被上市的言论所侵扰。面对"华为要上市"的言论，任正非说："科技企业是靠人才推动的，公司过早上市，就会有一批人变成百万富翁，千万富翁，他们的工作激情就会衰退，这对华为不是好事，对员工本人也不见得是好事，华为会因此而增长缓慢，乃至队伍涣散。"

2014年4月，任正非再次发言辟谣上市传闻。他从企业长远发展的角度解释道："任何公司的发展是不是只有上市一条路，允不允许一些企业缓慢地积累增长，这些企业是以管理经营为主，而不是以资本经营为主。外界对华为上市问题议论纷纷，我负责澄清一下。董事会20多年来，从未研究过上市问题，因为我们认为上市不适合我们的发展。"任正非还表示："未来5到10年内，华为都不会谈上市问题，不会参与任何资本游戏，而将致力于行政改革，推动机关从管控型向服务支持型转变，形成一个适应现代需求的现代化管理企业。"

华为高级副总裁胡厚崑则从企业价值分配与人员激励的角度，也给出了非常具体的说明："在公司不上市的情况下，劳动和资本的合伙制其实是公司价值分配的基础。分配方式中劳动所得，包括奖励期权计划、工资、奖金、福利等，与资本投入所得设置合理的分配比例，让拉车的人永远比坐车的人拿得多，那么车就会越跑越快，这样华为的发展就有了'永动机'。如果我们把这些理念整理清楚,完全是可以给所有员工讲清楚的,让优秀人员都看到华为的分配机制,愿意进来,愿意奋斗。"

基于这些因素的考量,华为坚持不上市,把98.6%的股权发放给员工,而创始人任正非只拥有1.4%的股权。这样一来,华为的每一份收益都是属于每一位企业成员的,享受分红与股票增值利润的也是华为近10万名合伙人。并且,每年所赚取的净利,都是百分之百分配给股东。

自创立以来的30余年里,华为这种"不上市,不贪恋资本"的长期坚守与专注,使之不为诸多外部因素力量所干扰,再加上华为集中所有资源于目标领域的战略战术,使其能够保持超强的企业凝聚力和市场战斗力,扎扎实实地带来了惊人的发展。

即便是在"艰难时期"的2019年,华为被美国纳入出口管制"实体名单",遭遇了前所未有的艰难与挑战,但它仍然创造出了奇迹。在这一年里,华为面向端、管、云、芯等领域的大量客户,持续提供了一系列具有市场竞争力、安全可靠的产品、解决方案与关联服务,与伙伴企业共同建立起开放、合作、共赢的生态模式,提升了企业的持续发展能力。据统计,华为公司于2019年的总营收将达到8500亿元人民币。

特别值得一提的是,华为在5G应用方面的创新与领先。据2019年5G手机份额数据统计,华为5G手机占比71.7%,vivo位列第二,占比17.7%;小米位列第三,占比10.4%。而在5G手机销量排行榜单中,华为有三款机型上榜:Mate 30Pro、Mate 30、Mate 20X机型。它们分别位列榜单中的第一、第二、第五。可以说,华为5G手机以绝对优势占领了中国5G手机市场的领先位置。

在谈及这一斐然战绩时,每一位华为人都不会否认华为的战略聚焦的理念设计与实践所发挥的决定性影响。

二、坚持客户导向,输出高质量服务,快速响应

在市场经济时代,企业与客户作为交易双方常常因利益矛盾而站在了彼此对立的位置——企业想从客户这里多赚钱,客户希望企业从自己这里少赚钱。而伴随着经济的发展与演进,一种倡导企业与客户互利共赢的理念出现了,并很快得到了认同。

企业是产品与客户服务的供给者,而客户是企业利润获取的来源,二者之间存在着互利的关系。企业想要获得更大的利润,并实现长期生存与发展,那么就必须建立科学的客户管理战略,建立客户导向的运转方式。对此,华为采用的做法是:坚持"以客户为中心"的理念,紧抓客户需求,输出高质量服务,竭尽全力让客户满意。

1. 为客户服务是华为存在的唯一理由

对于大多数企业而言,客户需求是其寻求未来发展的重要出发点;而对华为而言,为客户服务是华为存在的唯一理由。在《华为公司的核心价值观》一文中,任正非强调:"从企业活下去的根本来看,企业要有利润,但利润只能从客户那里来。华为的生存本身是靠满足客户需求,提供客户所需的产品和

服务并获得合理的回报来支撑；员工是要给工资的，股东是要给回报的，天底下唯一给华为钱的，只有客户。我们不为客户服务，还能为谁服务？客户是我们生存的唯一理由。既然决定企业生死存亡的是客户，提供企业生存价值的是客户，企业就必须为客户服务。因此，企业发展之魂是客户需求，而不是某个企业领袖。"

从市场角度来说，没有客户就没有市场需求，从而无法形成市场购买力；而对于企业，如果没有销售对象，那么创造的产品或服务就没有可用于投放的市场。所以，"为客户服务"才会被华为视为企业存在的唯一理由，"以客户为中心，以奋斗者为本，长期坚持艰苦奋斗"也成为华为上下奉为圭臬的价值观。任正非强调，任何时候都要坚持客户需求导向，不以客户需求为工作出发点的行为就如同"冬天去北极，是会冻死人的"。

2. 基于客户需求，提供高质量服务

为了让客户战略与客户导向价值观最终得到落实，华为在组织设计方面做了专门建设，在人们的业务及工作开展等方面也做出了对应的操作要求，企业上下得以在实践中把握和落实"如何让客户满意"，并为客户创造实实在在的价值贡献。

（1）客户需求导向的组织设计

华为从IBM等成功企业的管理实践中总结出一个经验，即：成功企业的目标大多是为客户生产价值；唯有客户真正受益了，客户才会心甘情愿地从钱包里拿出钱来。所以，任正非要求华为人"把企业的所有改进对准为客户服

第一章 战略聚焦，优势集中，保持核心竞争力

务，如果哪个部门报告说他们那里做得怎么好，我就要问粮食有没有增产？如果粮食没有增产，那怎么能说做得好呢？"

为了更好地践行这一客户战略理念，华为在组织管理、业务管理、流程管理等方面都始终牢牢抓住客户需求。比如，在为客户服务的一线，华为建立了以客户经理、方案经理、交付经理为核心的铁三角作战单位，并深入各地区有效对接客户的真实需求，以闭环式管理满足客户需求，继而持续提升客户满意度。

（2）倾听客户需求，实现客户满意

任正非曾言："在客户面前，我们要洞察未来，认真倾听客户的需求，帮助客户解决他们所关心的问题，为客户创造价值，帮助客户实现商业的成功，客户才有可能把华为当作'问计的对象'。"华为人认为，只有与客户有效交流，充分倾听客户的心声，从客户的视角审视问题，才能切实抓住客户内心的真实需求。

华为曾经负责了某国第一大运营商的重点项目，客户项目总监对项目管理非常严苛。由于华为项目组在前期推进阶段交付速度较为缓慢，客户向华为总公司进行了投诉。在仔细分析了客户投诉内容之后，项目组紧急拟定项目整改方案，约见客户的项目总监向其真诚地表示歉意，并就进度缓慢问题进行了自我批评与原因分析。客户项目总监听后，面部表情开始有所放松，随即开始追问后续处理方案。于是，项目组拿出了预先准备好的三张计划表，并重点说明了客户当时最关注区域的建设目标、计划、质量控制、资源等方面情况。客户听完，立刻安排了接口人，提供相关资源支持，并对华为项目组给予了积极

的评价:"我相信华为是可以做好交付的。"最后,华为项目组不负客户期望,按照整改方案圆满完成了此次项目任务。

案例中,项目组主动向客户承认错误,并提出了系统的整改方案。这种从客户的需求出发的做法,消除了客户对项目交付速度的不满,激发了客户对整改方案的兴趣,进而愿意主动配合华为按时完成任务。

当然,华为的竞争力不仅仅体现在它能够让客户满意上,而是它比竞争对手的客户服务能力更强,华为人会为每一位客户提供高附加值的产品和超出预期的服务。由此可见客户需求导向的观念已经呈现于华为人的客户服务行动之中。

在2013年的软银峰会上,华为设计师Bruce与团队接到了一个任务:为一个小基站进行设计。当时,组委会并未对基站设计提出任何标准要求,但Bruce认为"所谓没有标准,实际上是最高的标准"。为了让这个小基站的设计能够更契合客户的实际需求,有恐高症的Bruce,亲自爬上楼顶,系统测试客户的使用场景,而后分析场景特征,设计出一套满足使用需要且极为人性化的基站设计。最后,Bruce团队的设计取得了国际著名奖项——德国IF国际设计大奖。面对这一殊荣,Bruce谦虚地说:"唯有客户满意,我们的设计才是真正有价值的设计。"

对于华为公司而言,为客户提供高质量服务,赢得客户的认可,才能制胜于市场。当然,这一客户战略不仅适用于华为,也适用于每一个谋求长远发展的企业。

(3)不怕危险,出现在客户需要的地方

在华为《干部管理条例》中有一条规定:客户需要的地方,就是华为人

应当出现的地方,就是华为的干部应当出现的地方。这一准则至今在华为仍然发挥着效用。

2011年,"3·11"大地震后的几天,日本并没有恢复平静,很多地区仍不断出现6级以上的余震,加之福岛核电站核泄漏不断恶化,情况极为严峻。当时,华为的一个项目组正在日本"危险区域"范围内开展一项重要测试;其他国际公司的绝大多数项目组都选择了暂时放弃实验,回国避难。但是,华为的测试工作已经进入关键时期,如果此时中止会极大地伤害客户利益,甚至会影响到华为公司在客户中乃至在通信业界的声誉。

是走还是留?经过短暂的讨论后,项目组做出决定:只要客户不决定暂停、不改变测试日期,项目组就必须按照原计划,按时、保质地完成实验测试。不久,亚太片区总裁王胜利、董事长孙亚芳也陆续飞抵日本,在仍然频发的余震中看望驻日员工,并与客户进行交流。

就这样,即便身处"核威胁"之下,华为项目组仍然坚守到最后,并如期完成了客户要求的各项测试和升级工作。客户对华为人的诚信态度与高质量服务给予了高度评价:"华为把客户利益放在了头顶上,下次选择合作伙伴,我们只选华为。"

3. 以质取胜,同时不忘快速行动响应

有时候,人们一说"以质取胜",就会考虑稳定性因素,疏漏了行动效率问题。然而在企业运营方面,高质量与慢速度并不是直接相关的,而且有时候必要的"快速度"也是企业能够完成市场突袭、早日实现战略目标的关键

所在。

简单地说，企业做出快速的行动响应，意味着它抢占了市场先机；而如果企业能够在确保高质量的基础上比竞争对手更早地满足客户需求，那么这无疑是企业的一个绝对优势。

在华为流传着这样一个故事：一天，一位国外客户意图前往深圳，与××洽谈业务，没想到却提前与华为签了合同。原来，华为事先得知了这位客户前往深圳洽谈业务的消息后，直接前往机场将客户接回华为深圳总部。而此时，××接待处的员工还坐在自己的办公室里喝茶呢！

华为人称这是一种"敏锐的嗅觉"。在竞争激烈的市场中，华为高度珍惜每一次为客户服务的机会，积极、高效地付出行动。

2004年12月8日，荷兰移动通信运营商Telfort宣布华为为公司第三代网络建设的设备供应及承包商，这是华为的首份欧洲合同。在竞争中，参与Telfort 3G项目竞标的企业还包括爱立信、诺基亚等一流设备商。

Telfort之所以选择了华为，最重要的原因是其对华为的欧洲业务研发中心的信任。当时，华为在欧洲有4个研发中心、1100人的团队，其中75%的人员从当地聘用，人员架构分布多达30个国家。而且，在参与Telfort 3G项目的竞标中，整个华为欧洲的研发中心都行动了起来，以快速满足顾客的各种需求。Telfort从竞标过程做出判断，华为的欧洲业务研发中心也能够快速响应Telfort的业务定制需求，从而帮助其差异化竞争战略高效落地。

任正非在2019年开年的讲话中说道："我们要转变观念，追求打造可信的高质量产品，不仅仅是功能、特性的高质量，也包括产品开发到交付过程的

高质量。我们知道，功能、特性对产品至关重要，我们更知道，进度对满足客户需求也至关重要。"可以说，"高质量"与"快速度"两大特征已把华为的品牌形象推向了全新的高度。这是因为这两大特征契合了华为目标客户的需求本质：重视客户需求，跟随客户需求的指引，来设计客户服务战略，采取最佳行动方案。这也是华为走上成功道路的法门所在。

三、"深淘滩，低作堰"，共同建设行业生态繁荣

任正非有一套著名的战略原则，叫作"深淘滩，低作堰"。这一战略原则也是两千多年前都江堰水利工程的修建原则。任正非认为，这一治堰原则中所蕴含的智慧远远超出了治水本身。华为公司若想获得生存与发展，那么这一原则是非常适用的。

1. 关于"深淘滩，低作堰"的实践内涵

任正非认为，"深淘滩，低作堰"是华为所在行业继续生存下去的法则。

所谓"深淘滩"，是指持续深挖企业内部的潜力，降低企业经营成本，为客户提供更高价值的服务。从主观上来看，"深淘滩"战略是为了满足客户的需求——毕竟华为的一切工作都以"为客户服务"为出发点。但从客观上来看，最终收益主体是华为，客户为华为提供了生存的机会。一般而言，当一家企业竭尽全力地帮助客户创造更大价值，而不是短视地只关注企

业自身的盈利问题时，客户反而会乐于付费，愿意与企业建立更长久的合作关系。

所谓"低作堰"，是指控制贪婪之心，只为自己留存相对较低的利润额，即所谓"赚小钱"。对此，任正非是这样解释的："我们不要太多钱，只留着必要的利润，只要利润能保证我们生存下去。我们就把多的钱让出去，让给客户，让给合作伙伴，让给竞争对手，这样我们才会越来越强大。"这条战略原则指导着全体华为人以"让"的心态去管理客户关系，去改善企业内部关系，去优化商业生态环境。通过这种方式，华为抢占了市场制高点。

当然了，任正非提出的这种"赚小钱"的战略原则，在华为公司内部也曾发生过一些抱怨、质疑与探讨。有人抱怨："数年如一日地努力奋斗，但收入却不及买卖一套房产获得的收益多。"也有人慨叹："做芯片的不如做半导体的赚钱。"

为什么任正非在全球经济不景气的时候仍然坚持这种利润微薄的战略呢？

对此，任正非解释得非常清楚："第一，我们的消费是小额消费，经济危机和小额消费没关系，比如你欠我的钱，我还是要打电话找你要钱，打电话就是小额消费；第二，我们的盈利能力不如餐馆的毛利率高，更不如房地产公司高，还能让我们垮到哪儿去，我们垮不了。""在超稳定的情况下，所有产品都是薄利，靠规模来取胜。很多员工会问薄利怎么能养活高工资？我们的交换机就卖得很便宜，卖得多、量大，利润就起来了。"

他还补充道："当全世界都在摇摆，都人心惶惶的时候，华为公司除了下面的人乱惶惶以外，我们没有慌，我们还在改革。至少这些年你们还在涨工资，而且有的人可能涨得还很厉害。我们为什么能稳定？就是我们长期挣小钱。"

可见，在任正非眼里，"赚小钱"是一种足以支持企业长期、稳定发展的策略，华为将取得丰硕利润回报的根源归结于"赚小钱"的理念及对该理念的有效践行，这是值得所有企业经营者思考的一点。

2. 永不牺牲质量，持续为客户提供更好的服务

在市场上有一种常见的现象：很多企业在向客户报出低售价的同时会降低产品或服务质量，但是如果要让企业提高产品或服务的质量，它们又会提高价格。但是，华为的做法却是：让降低价格和提高产品与服务质量同时实现，实打实地践行"深淘滩"战略原则。

（1）优化内控流程与机制，封闭问题，降本增质。综观大部分以低价取胜的企业，其成功往往是不但为客户提供了低廉的价格，而且并未牺牲产品和服务的质量。为此，它们无一例外地选择了向内控制成本，挖掘内部管理的潜力空间和员工能力的未知区。

华为有三大业务流程，分别是：IPD（集成产品开发）、LTC（从线索到现金的企业运营管理思想，也是机会到收款）、ITR（售后）。其中，IPD 主要强调以客户需求作为产品开发的起点，组织跨职能团队承接任务，通过市场规划、产品开发和技术开发三大流程满足客户需求，包含概念、计划、开发、验证、发布、生命周期 6 个阶段；LTC 是对线索至回款进行管理的端到端流程，

包含线索管理、项目立项、标书准备、投标、谈判、合同评审、合同签订、交接8个节点;ITR是针对客户反馈来解决问题,对产品改造升级是ITR流程的根本。

在华为,人们把3个业务流(IPD/LTC/ITR)紧密地联系在一起,形成一套良性运作系统,并达到了一种持续优化的运作境界。华为认为,如果在企业运营管理过程中,将LTC、IPD流程进行持续优化,按IPD流程输出产品,按LTC流程实施交付,再用ITR流程把相关问题予以高效关闭,那么实现客户满意便不会是个难题。

(2)探索新方法,提高产品或服务输出的价值含量。满足客户需求的手段有很多种,比如,提供"超出客户预期的产品和服务","全面满足"客户需求,"优先满足"客户需求,满足客户"特殊需求"。

1998年,华为公司和AIS公司展开合作,当时的AIS公司仅仅是泰国一家小型电信服务运营商。当时,华为公司极为快速地响应了AIS公司的需求,使AIS公司一跃成为泰国最大的运营商,并成为泰国股市市值最大的公司。1999年6月,AIS公司和DATC公司同步推出预付费业务。华为公司为AIS公司提供了产品解决方案及关联服务,并先后八次为其进行设备建设与扩容,帮助AIS公司把其竞争对手远远地甩在身后。而且,华为对设备的系统安装和周密测试仅用时60天——这个时间周期远远短于业界平均周期。这种快速响应动作帮助了AIS公司以超快的速度领先于对手,抢占了市场先机;其专门为AIS公司开发的高达80项的业务特性(AIS在发展过程的新需求),有效地提升了AIS公司的盈利能力和市场竞争能力。

此外,华为还曾着力审查工作细节方面的完美度,目的仅仅是让客户看着感到"赏心悦目"。

在生产部交换机配线过程中,华为有很多明确规定。例如,必须将彩色线扎在外面,而且不能交叉。很多人疑惑道:"线扎得再好看、再整齐,机门一关,不是什么都看不到了吗,有必要吗?"华为人对此做出了这样的解释:"如果客户打开机门,看到箱子里满是零乱的电线和看到整齐漂亮的电线,他会有什么样的表现?哪种状态会让客户判断其'更好'?"他们认为,这些工作细节虽然微小,但却会不同程度地影响着客户们的各方面感受,甚至影响客户们对华为产品质量与服务态度的评价。

可以说,华为在面向客户展开"深淘滩,低作堰"时,它并不是以单纯追求利润最大化为目标,而是站在客户的角度去观察各种细节,用心体会客户真实需求,优化产品与服务的质量和细节,提高客户在产品与服务的性价比方面的评价。

3. 坚决不做"黑寡妇",协力共建行业繁荣

2010年8月6日,任正非在华为PSST体系干部大会上强化了"共建行业繁荣"的理念,并指出"华为坚决不做黑寡妇"。黑寡妇是拉丁美洲当地的一种蜘蛛,这种蜘蛛在交配后,雌性蜘蛛就会吃掉雄性蜘蛛,作为自己孵化幼蜘蛛的营养品。

早年,华为与其他企业合作一两年后,便会将这些小公司吞并(出于更大利益考虑)或甩开(合作企业跟不上华为的脚步)。但是华为逐渐意识

到，这绝非一个有远见的企业应该选择的战略模式，而且这些小企业既然当下能够给华为提供帮助，那么它们同时也具备日后能够发展得更好的可能性。

后来，华为设计了一种特别战略——建立同盟军（如通信代理商、分销商、竞争对手等），做大蛋糕，协同为客户提供服务。比如，在2014年初，华为与世界软件巨头SAP签署了全球战略合作伙伴协议；次年，共同宣布扩展全球合作业务，合作扩展范围至工业4.0等领域，并在华为总部成立联合创新中心——双方通过优势互补，帮助企业客户应对转型挑战。

再比如，2016年，华为与世界奢侈品品牌施华洛世奇在拉斯维加斯的消费类电子产品展上，联合推出全球首款女性Android Wear智能手表：HUAWEI WATCH Jewel and Elegant，并实现规模发货。可以说，华为将技术、时尚和生活方式完美融合了。

这些协力共建的战略举措为华为打开国际市场提供了极大的帮助，并帮助华为实现了快速的业绩增长。而在利益分配上，华为始终遵循"低作堰"战略原则，对同盟军们给予最优的让利与关照。

任正非在谈到欧洲市场时曾说："把价格提到和爱立信一样高……"其意是让利于友商，不打价格战，不扰乱市场秩序，把市场也留给友商一部分。华为通过与友商的战略合作，抵抗着国际上的不确定因素带来的压力和风险。对此，任正非用了一个形象的比喻："有时候我汽车没油了，我就蹭他的车坐一坐，总比我走路好，总比我骑毛驴好。""我们有薄薄的利润，多余的水留给客户与供应商。多余的'水'留给客户，客户和供应商就可以养更多的'鱼',从而赚取更多的利润。客户的利益链保证了,华为就有赚不完的钱。"可以说,华为的"低作堰"战略原则,既保护了同盟军,也保护了自己。

华为通过与同盟军联合服务,让客户得到更低价格、更高质量的产品与服务,企业由此实现了更快速的客户增量,得到更多的服务机会,并创造更多的利润来维持运营。这才是真正的"深淘滩,低作堰",也是让华为与各方之间共建行业繁荣、实现多赢局面的秘诀所在。

四、保障战略投入,保持规模扩张与抑制的平衡

俗话说:"机会永远属于有准备的人。"然而,如果人们仅仅是准备喊喊口号而不切实有效地、实实在在地奋斗,那么成功仍将是遥不可及的。这个道理适用于人,也适用于企业。在华为,人们自创立之日起,便一直满怀激情地捕捉着每一个可助力企业"一览众山小"的机会。

1. 关注企业的战略机会,敢于战略投入

不过,曾经的华为却因错过企业的战略制高点而受到过严重创伤。

21世纪初,任正非患上了严重的抑郁症,对此,每一位华为人都心知肚明:导致任正非精神抑郁的原因来源于两方面业务:一方面业务是小灵通市场业务;另一方面业务是TD市场业务。这两件事让任正非痛苦了长达十年。任

正非曾在 2014 年的内部讲话中回忆说："我并不怕来自外部的压力，而是怕来自内部的压力。我不让做，会不会使公司就走向错误，崩溃了？做了，是否会损失我争夺战略高地的资源。TD 市场刚来的时候，因为我们没有足够的投入，所以没有机会，第一轮招标我们就输了；第二轮我们投入了，翻上来了；第三轮开始我们就逐步领先了，这叫后发制人战略。但那 8 年是怎么过来的呀？要我担负华为垮了的责任，我觉得压力很大呀，这么多人的饭碗要敲掉了。因为不知道，所以很害怕，才会抑郁。"

2010 年以后，流量数据以呈几何级数的速度保持增长。任正非意识到，这一次只能成功，绝不能白白错失机会。于是，他要求华为企业上下"不惜一切，抓住大数据潮流"。任正非说："当发现一个战略机会点和制高点，我们可以千军万马压上去，后发式追赶，我们要敢于用投资的方式，而不仅仅是以人力的方式，把资源堆上去，这就是我们和其他公司不一样的地方。"

可见，华为非常重视对战略机会点的关注与对战略控制点的把握。这是因为，战略机会点决定着企业下一步方向是否正确，战略制高点被视为企业发展的终极目标位置，而战略控制点则是指企业保障自身战略实现的控制层面。

当然，一个企业可以有一个或数个战略控制点，而且任何一家追求进步与发展的企业也不会满足于被别人扼住自己的咽喉。纵观华为这些年的发展，其中隐含的经营主线已然非常突出：持续地迈向更具操作难度的战略控制点，进而抢占到战略制高点。

2. 面向战略制高点，持续加大战略投入

为了确保准确把握战略机会点，快速抢占到制高点，企业必须先把握好战略控制点。而对于企业来说，进行必要的战略投入是必须高效践行的举措。一般而言，企业战略投入越多，战略产出往往越多；而战略投入越少，战略产出则更少。而在华为，持续的、强力的战略投入恰恰是华为创造高产出的重要保障型战略举措。

2015年7月，任正非就"如何抓住超宽带时代的战略机会问题"发表了讲话，他指出："在找到战略机会点后，加大战略投入，是厚积薄发的更深层含义。欧洲核子研究中心，正是凭借着在过去几十年时间里持续地加大投入，才终于倾听到上帝的脚步声。"

当然，除了在产品研发领域持续地加大投入以外，华为还坚持抓住恰当的契机，加大对服务的投入。任正非曾提出："对手公司最大的问题就是质量控制，他们如果改进了质量，那我们就晚了，我们一定要抢在他们没改进质量问题之前实现我们的标准化、简单化、免维护，把服务做好以后，我们就抓住了客户。"

伴随着多年来对运营商业务、消费者业务和企业业务等板块的持续密集的战略投入，华为战略回报的成绩斐然。2018年，华为营收已达到约7213亿元人民币，同比增速19.5%，超过了BAT三家6652.4亿元的营收总和，稳坐国内龙头。其中，华为运营商业务实现营收2940亿元；消费者业务实现营收3489亿元，企业业务突破营收744亿元。

3. 抑制冲动，不盲目扩张，维持稳定发展

虽然华为持续加大投入，不惜一切代价抢占战略制高点，但是华为却非常在意扩张与抑制的平衡。任正非认为，中国历史上失败的变革大多因为操之过急，展开面过大，步子迈得太大，忽视了适当抑制的必要性。

任正非有着抑制扩张冲动的认知，这与他高度频繁地接触 IBM 公司和学习 IBM 公司的历史经验，有着密切关系。IBM 公司曾发生过一次失败的案例：当时，IBM 不愿意眼睁睁看着自己操作系统中的一大块利润最终进入到微软公司的腰包中。于是，IBM 公司投入了几十亿美元和上万科研人员，来系统研究与推广 Linux 系统。IBM 公司的研发人员希望能够将 Linux 转变为全球最受欢迎的操作系统，但是，IBM 最终以"血本无归"作为收场。

任正非把 IBM 的这次惨痛的教训看作是悬在自己头上的一柄达摩克利斯之剑，每时每刻每秒都在提醒自己要冷静决断。

任正非总结道："绝不能出现'我们不惜一切地投入上亿，甚至上百亿的成本去研发某个东西，最后却发现已经被他人先一步研究出来'的窘况。而且，企业的首要任务是先让自己活下去。"任正非还指出："做企业和做人一样，要先认识到自己的渺小和力量上的有限，要学会控制欲望而不是被欲望所控制。"轮值 CEO 郭平在 2013 年新年献词《度过了"波澜壮阔"的一年》一文中便写道："我们有限的力量只可能做好有限的事情，要控制扩张的冲动，问责乱铺摊子的主管。"

这一点我们也可以从华为的产品研发上窥见一斑，华为的研发往往是基

于上一个产品的成功，去推动下一个产品的成功接力。比如，华为早年靠代理其他企业的产品而起家，随后开始自主研发产品；接下来，华为将交换机产品所获得的利润投入到光网络产品和智能网产品，再将这些产品获得的利润继续投入到无线通信产品中去……这也是华为积淀了30年的一种精神传承：一步一步，稳扎稳打，持续向前发展，保持了企业扩展与控制的平衡性。

在这个充满机会的时代里，华为主动关注着适于自身的战略机会，但又保持着超强的战略耐性，竭力避免企业陷入机会主义陷阱。既保持着积极持续的战略投入，又不失于盲目躁动。可以说，这是企业意欲打造强大战力、巅峰决胜时必须严格把控的重要战略原则。

第二章

开放合作，全面贯通，打造敏捷化组织

在战略的驱动与指引下，华为持续向全球市场伸出了无数只「触角」，与越来越多不同国家的客户建立了合作关系。而华为之所以能够获得客户认可、签下订单，主要是通过4个步骤实现的：一是通过规范优化的流程和人员管理制度，及时把握客户需求动态和应对市场变化；二是建立了广泛合作与资源共享的组织运作模式，能够进行广泛的借力，实现能效最大化；三是一线人员被赋予了高度自主决策权，一线可以指挥后方行动，对客户需求予以迅速反应；四是为一线作战单元提供充分、配套的支持。由此，华为才得以成为一个真正意义上的敏捷化组织。

一、主动开放，资源整合，以集成实现高能效

为了更好地应对市场变化和提升企业竞争力，华为认为有必要以开放合作的姿态去设计与运营企业。2012年7月，任正非在与"2012诺亚方舟实验室"专家的座谈会上提出："华为不能建立封闭系统，不开放就要死亡。"此后，华为努力寻求开放，科学整合各类资源，以多方集成的优势来助力企业实现高能效状态。

1. 建立开放式组织，以广泛合作谋求发展

在技术创新型领域，很多企业为了确保技术保密性而选择封闭式组织模式。但华为认为，企业的确需要避免技术泄露，并为此每年投入10亿元，建立了全球最大的专线网。但是，企业追求技术保密，并不等于自我封闭。在实践中，企业可以在趋于成熟的技术方面与其他企业合作（即便是自己的竞争对手），让相对有限的企业资源能够创造出最大的价值。这便是华为主动开放与广泛合作原则在产品开发上的应用。

在华为创立伊始，华为在通信行业中谈不上竞争力。任正非曾言："华为既无技术，又无管理。"他说这句话时是在1993年。当时，任正非正走在北京中关村的大街上，有人请他评价一下方正公司。任正非回答"有技术，无管理"；然后又请他评价联想，任正非回答"有管理，无技术"；最后，请他评价华为，他说"既无技术，又无管理"。

这段问答看起来如戏谑之言，但却让任正非认识到，在这个技术与社会快速变化的社会里，如果华为长期处于封闭管理状态，那么华为很难实现快速发展，甚至可能自取死亡。唯有主动开放与广泛合作，华为才有可能走出中国，与世界级企业站在同样的舞台上。

1999年，任正非在"答新员工问"中说道："华为要活下去就要学习，要开放，不能关起门来赶超世界。我们所有的拳头产品都是在开放合作中研制出来的。"基于这一思想，任正非要求华为人学习这种开放精神，能与竞争对手携手开发产品市场。

2005年7月，任正非在《华为与对手做朋友，海外不打价格战》一文中再次说道："华为现在还是很弱小，还不足以和'国际友商'直接抗衡，所以我们要韬光养晦，要向拉宾学习，以土地换和平，宁愿放弃一些市场、一些利益，也要与'友商'合作，成为伙伴，和'友商'共同创造良好的生存空间，共享价值链的利益。我们已经在好多领域与'友商'合作起来，经过五六年的努力，大家已经能接受我们，所以现在国际大公司认为我们越来越趋向于朋友，不断加强合作会谈。如果都认为我们是敌人的话，我们的处境是很困难的。"

这种开放合作的经营理念赋予了华为人敢于直面世界，"敢于以一杯咖啡，与世界上的大人物撞击思想"，敢于"开放、合作、实现共赢"。在这种意识下，华为的组织结构与管理模式也开始发生了变化。

2. 有效整合内外部资源，创造更大经济效应

任何一个企业，如果意图谋求市场竞争之利，那么必须考虑系统整合问题。系统整合是指让企业运营涉及的各类资源加以衔接，实现系统化的共享和协同。有人甚至以"整合者得天下"来形容系统整合之于企业组织管理的重要影响力。一般而言，系统整合可以从外部整合和内部整合两个方向进行。

（1）外部整合。华为非常重视外部整合。外部整合是指对企业外部的各类资源进行整合，使其发挥各自长处。外部整合有一种常见模式，叫作垂直整合，即企业与其自身所在产业链条上下游的关系节点进行资源整合。整合的对象既可包括供应商，也可包括自己的用户群。

自2013年开始，华为高端智能手机主要采用的是海思平台，推出了多款采用海思平台的高端智能手机；华为平板电脑也开始采用海思平台，其首款四核芯片平板电脑Media Pad采用了海思的1.5GHz四核处理器。华为之所以与海思平台进行资源整合，主要是看中了海思的处理速度——该平台的反应快速，能够为华为与竞争对手展开差异化竞争提供极大的助力。

（2）内部整合。华为特别重视内部整合。每隔一段时间，华为就会根据优化组合的原则，将其内部产业、业务、资源等进行重新调整和配置。

1996年，华为发生了一次企业历史上的里程碑式事件——市场部集体大辞职。在当时的市场部，上至市场部总裁、下至各区域办事处主任，每一位正职干部都提交了两份报告，一份是辞职报告，另一份是述职报告。在随后的竞聘考核中，包括市场部代总裁在内约有30%的干部都被替换下来。至2007年，华为再次出现集体大辞职，外界称为"万人大辞职"。

企业要发展往往离不开变革，在变革过程中难免会遇到阻力，而这些阻力的最大源头在于企业内部人员的思维惯性。为此，华为必须在合法合规的基础上，对企业内部管理系统、人力资源进行大力度整合，让最有能力的人来更好地承担责任,这也是华为资源整合的终极目的之一。

3. 面向全球的资源应用,全面提升组织能效

华为的资源整合涉及很多方面,比如技术、人力、物资等。而这些资源整合动作也不仅是面向国内工作的开展,它也是面向全球范围的。

2012年,华为副董事长兼轮值CEO胡厚崑在亚太经合组织(APEC)工商界主题论坛上提出一个观点:在当下的商业环境中,资本、物资、信息等资源必须在全球范围内更方便地流动——这使得"全球化公司"和"本地化公司"这两个概念日益趋于统一。而华为在商业领域内的实践,便是努力实现"全球化"与"本地化"的有机结合,让全球最优资源得以最优整合,提升全球价值链水平。

事实上,每一家全球化企业都必须对产品或服务的本地化需求予以足够关注,并提供具有高度适应性的、差异化的产品和服务,这样才能促使企业本地市场再现全球其他市场上曾经创造的成功。同时,在如今这个信息技术高度发达的全球化市场环境中,那些本地化属性突出的产品和服务,可以在非常短的时间内被推送到地球的另一端,这意味着本地化公司亦具备全球化运营的基因。

对于全球化,胡厚崑表示:"全球化不仅仅意味着运营的全球化、投资的全球化,更需要建立一种新的商业理念。这种理念是将全球市场视为一个单一市场,在单一市场里构建全球价值链,并将全球的优质资源都整合到这个价值链里,使每一个单一节点上创造的价值都有可能在全球范围内被分享。"目前,华为在全球各地建立了17个大型研究所、36个联合创新中心和40多个专业

能力中心。通过设置这些机构，华为与全球数百家合作伙伴建立了合作关系，将自己的全球价值链打造成一个全球化的研究创新平台。

而对于本地化，胡厚崑则表示："本地化不仅仅意味着本地雇佣、本地纳税和提供适合本地需求的产品。更高层次的本地化应该是通过与本地优秀企业进行产业分工合作，将他们的创新能力整合到华为的全球价值链，并通过这个价值链将本地的创新成果推广到全球，使本地创造真正发挥出全球价值。"

华为在与全球范围的优秀企业展开合作的过程中，还对全球合作伙伴的能力进行了高度整合。所以，在华为的全球业务得到发展的同时，其合作伙伴的业务也得到了极具广度与深度的拓展。

可以说，华为在全球化与本土化的实践结合，使之能够更好地利用自身和其他的优势资源，创造独特的合作优势特质，从而在全球价值链中实现多方获益的目的。而华为以全球化企业公民的角色担当，全力促进着其与在全球范围内"本地伙伴"之间的合作多赢关系，这无疑是华为价值观念所呈现出的特别之处。

二、建设"铁三角"作战单元，让一线指挥后方

华为公司将"以客户为中心"作为主要战略，这意味着华为必须确保能够让客户快速获得其产品和服务。为了实现这一点，华为特别设计了一种运作灵活的组织结构——以项目为中心的一线作战单元，并将其形象地命名为"铁

三角"组织。

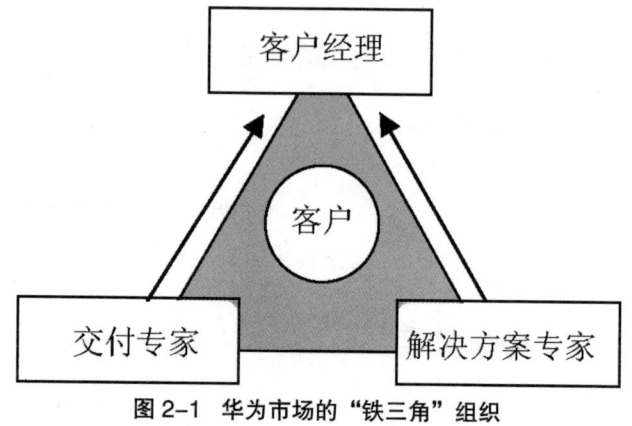

图 2-1 华为市场的"铁三角"组织

注：图中阴影部分代表他们处于同一客户界面，箭头指向表示支撑与被支撑职能。

1. 权力下沉，让听得见炮声的人来决策

任正非在会见埃森哲董事长时说："我们变革要把一部分权力的指挥中心放到一线需要的地方去，让听得到炮声的人来呼唤炮火，避免公司机构过于庞大、官僚。随着流程的贯通，我们已逐渐听到了炮声。后方将具备更强的专业服务与支持能力。"2009年新年伊始，任正非向华为全体员工发出了呐喊："谁来呼唤炮火，应该让听得见炮声的人来决策。"

华为自引入集成产品开发模式之后，抓住了短期的机会窗口，使得公司获得了快速成长，保持了较高的盈利能力。而后在很长一段时间里，华为的销售任务主要是由销售部门来承担，而企业初期建立的是垂直管理模式，企业运作的灵活度欠佳，对一线客户需求的响应能力不足，其决策反应和资源支持的速度相对滞后。

基于上述原因，任正非提出了"把指挥所建在听得到炮声的地方，让听得到炮声的人呼唤炮声"的指示。他指出：第一个"炮声"是指市场竞争中客户的需求、对方的情报和资源、市场环境等；第二个"炮声"则是指公司赋予的各类资源，包括团队人员、支撑人员、成本、物流、设备等。所以这句话应该是"让听得见炮声的人有权呼叫炮火，在资源有限的情况下，优先、科学、快速地发射炮火，以获得最大收益"。任正非还强调要实现这个目标，我们就要构建4个方面的体系："能听到炮声""能听懂炮声""能呼唤炮火""炮声能呼之即来"。可见"让听得见炮声的人呼唤炮声"，不是简单的一句口号，而是对公司从上到下的权力分配、资源流转、支撑服务、考核评价等一系列机制体制的重新构建，是对每一个功能节点职能的重新定位和赋予责任。

能听得到炮声的团队既包括市场一线团队，也包括支撑服务团队。因为，只有全公司里听到的炮声是一致的，才能做到所有人的理解是一致的，才能保证所有的呼叫是准确的、资源流转是恰当的、行动支撑是及时的。华为之所以把指挥所建到听得到炮声的地方，目的在于更好地为客户提供服务、响应客户需求和更快速地抓住市场机会。而"让听得见炮声的人来决策"，则强调"前线指挥后方，而不是后方指挥前线"。

任正非很清楚：长时间脱离一线战场的管理者，基本上已经失去了对"战争"的敏锐感和对"战况"的判断力。所以，要想快速有效地解决战场上的问题，就必须把决策权交给那些听得见"炮声"的人——要让在一线组织的主要负责人通过IT平台来调配后方资源，而不是由拥有资源的管理人员去指挥一线做事。

为此，华为还把计划预算核算权力、销售决策权力都下放至一线。比如，2011年华为开始急速进军终端消费市场，成立企业BG和消费者BG，将决策权进一步前移。华为终端业务为了抢占互联网渠道，大力推出"荣耀"品牌，并给予荣耀团队独立设计和运营的权力，以便于该团队更好地响应和把握市场。后来，荣耀团队围绕互联网渠道的特点发行手机，不负众望地创造了销量井喷之象。

2. 建立铁三角，打造单元作战模式

华为"铁三角"模式的构成体系包含两个层次：项目"铁三角"团队和系统部"铁三角"组织。基于项目的"铁三角"团队是作为华为的代表直接面向客户的一线作战单元；而系统部"铁三角"组织是项目"铁三角"各角色资源的来源以及项目"铁三角"业务能力的建设平台。人们通常提到的华为"铁三角"是指项目"铁三角"。

所谓项目"铁三角"，即在一个项目中，真正直接面向客户端的是客户经理、解决方案专家、交付专家。这三者在面向客户时往往能最快速地发现问题，并制订出最准确的客户解决方案，而这个方案的落地则交由后端的专业化团队来执行。这样，前、后方之间相互协作，极大地确保了单元作战的成功。

华为"铁三角"模式的雏形，诞生于华为公司北非地区部的苏丹代表处。

2006年8月，业务快速增长的苏丹代表处在一个移动通信网络项目上却

未能中标。在问题分析会上,人们总结了造成此次投标失败的原因:各部门沟通不畅、信息不共享、客户承诺不一致;与客户对接的人员涉及多个部门,关系相对复杂;而对于客户需求,又多是被动响应状态,难以有效把握客户的深层需求。

基于上述问题,苏丹代表处决定:打破内部边界,以客户为中心,协同多个部门(包括客户关系、产品与解决方案、交付与服务、商务合同、融资回款等),组建面向特定客户(群)项目的核心管理团队,实现客户接口归一化,以更好地为客户提供商业服务。

具体来说,苏丹办事处以客户经理(AR)、解决方案专家/经理(SR/SSR)、交付专家/经理(FR)为核心,建立起面向客户的、以项目为中心的一线作战单元,从"点对点被动响应客户"变成"面对面主动对接客户",从而更深入、更准确地全面掌握客户需求。苏丹办事处将这种项目管理团队模式命名为"铁三角"。

"铁三角"模式刚刚施行,便创造了非常好的效果。2007年,苏丹办事处取得了苏丹电信在塞内加尔的移动通信网络项目。

随着企业规模的快速壮大,华为在全球电信市场取得的大型项目数量日益增多,客户需求也日益复杂,这就要求企业全方位地满足客户需求,提供更全面的解决方案。同时,华为内部组织部门也在不断壮大,部门壁垒逐渐提高,竞争更加激烈,这就需要华为能够以客户为中心,去打通相关业务和部门之间的运作流程,使企业简化管理,提高沟通与运作效率。在这样的情况下,"铁三角"这种精简高效的作战单元模式,便在华为世界各地的代表处得以广泛推广开来。

2009年，华为利用LTC（线索至回款）的流程变革之机，进一步完善了"铁三角"运作模式，构建了立体化的铁三角运作体系，以支持前端市场的全面开拓，优化客户全生命周期的体验感，提升企业运营的高效性。最初始于苏丹的"铁三角"，此时在华为业务开展的各领域也得到了更为广泛的应用。

3. 激活一线，让一线指挥后方战斗

为了提升企业运营管理效率，企业管理者会采取逐级向下授权的管理形式，因此，最终执行最艰巨任务的人往往是一线"作战"人员。在企业中，一线人员的状态直接关系着企业经营效益的高低。通常而言，一线人员的活力越大，其创造力便越强，所创造的企业盈利也越多。

为了培养出一支"能打胜仗"的队伍，华为奉行"一切为了前线、一切为了业务服务、一切为了胜利"的准则，给予干部和员工能够"上前线"的机会，并且在权限、制度等多方面为一线人员提供充分的支持，力求最大限度地激发一线人员的活力。任正非认为，给一线员工赋予部分决策的权力，是关系到企业服务能力水平的大事。

为此，任正非还专门研究过"红遍全国"的海底捞。他发现，海底捞之所以会得到消费者的喜爱，其中极大原因在于它能够为人们提供体贴入微的服务，而服务人员之所以能够提供这种水平的服务，其根源并不在于服务人员的态度，而在于企业赋予了一线人员相应的权力，使之能够在第一时间里对客户

需求做出最精准的反应。在海底捞的一线，每一家店长均有签 3 万元项目单的权力，连海底捞的普通服务人员都有一定的自主权力，他们不仅可以按需求灵活地免费送菜，甚至可以免费赠送一桌的菜。

任正非从海底捞得出一条宝贵的经验：一线要有话语权。这一认识很快反映到华为的管理实践中，任正非进一步提出，"对于前线已经存在的作战方法，我们要承认它的合理性，不要急于推翻它，应该允许各地适当地灵活机动，以及有优先、推后秩序的自主权"。

与此同时，任正非更是强调："我们（华为）进一步的改革，就是前端组织的技能要变成全能的，但并非意味着组织要去设各种功能的部门。基层作战单元在授权范围内，有权力直接呼唤炮火。同时，后方变成系统支持力量，必须及时、有效地提供支持与服务，以及分析监控。公司机关不要轻言总部，机关不代表总部，更不代表公司，机关是后方，必须对前方给予支持与服务，不能颐指气使。"

如今，在"一线指挥后方"的理念指导下，华为前端随着客户需求而动，后方的每个部门则按照既定的流程逐一对接，直接听命于前端，随之展开动作。这种模式使华为少走了许多弯路，减少了成本浪费；最重要的是，享有一定决策权的一线人员在发掘客户需求和维系客户方面，业务开展得更加顺利，企业整体运作效率也显著提高。

4. 依靠重装旅优势资源，为前方提供支持

为了配合一线作战单元，华为以区域部为依托建立了重装旅。2014 年 3 月 7 日，任正非在关于"重装旅组织汇报会议上讲话",这标志着解决方案重装旅筹备成立。2014年7月17日,华为正式宣布成立重装旅组织,该组织下设HRBP部和亚太分部、欧洲分部、美洲分部。

从组织结构来说,华为的"铁三角"相当于位于前沿的精兵组织,当其发现战略机会点时,重装旅会集中全球优质力量,帮助其快速机动响应战场呼唤,抢占"上甘岭"。

从运作模式来说,解决方案重装旅采用的是循环赋能与循环作战的模式,也就是集中各类优秀人才,按照全球市场项目的实际需求,确定人才的服务位置,待服务完毕之后再回到重装旅学习、待命。

一般而言,重装旅训战的标准周期为:2周+6个月。在入营阶段,学员需自带案例,签署任务作战书,在华为总部进行为期2周的集训、赋能。集训过程中,主要进行技能标准化训练、实战演练、业务流程循环,教学方式以"案例式"为主,有2/3的时间是用于实战案例研讨的。在集训中,学员会在模拟场景中反复开展强化训练,提升模拟作战能力。

随后,进入为期6个月的"实战赋能"阶段。经过集训营的实战演练后,学员需要到前方作战营进行实际作战,对理论进行具体化应用,进一步强化集训效果。在此期间,学员会遵照预先制订的作战计划来实施具体行动,作战营的营长负责指导,一线主管给予必要的辅导。按照实战要求,每位学员要在6个月内至少完成一个实战项目,并在6个月实战结束后进行答辩。赋能结束之后,华为重装旅的人员开始进入循环作战阶段。

在重装旅,所有作战岗位都不是依据个人和资历进行配置的,而是根据

项目难易度和未来战略进行配置,即"因事设岗"。重装旅没有指挥权,其输出去的专家人才主要负责对前线业务的支持。任正非说:"当代表处遇到战略机会点时,需要重装旅来填补合适的战争组合,这个组合应该是前方说了算,而不是后方塞进去。作战指挥权应该还是在代表处,重装旅是个资源池,更多是在技术上助攻,根据代表处的需求提供作战资源。"他要求重装旅充分发挥"胜则举杯相庆,败则拼死相救"的精神,而不是与代表处争权夺利。华为重装旅管理还有一个鲜明特色就是,作为独立经营单位的代表处需要为呼叫重装旅的服务付费。

总之,华为的重装旅是一个人才循环基地,负责向前方输送解决问题的专家,并保持独立的运营。这种组织结构与岗位设置模式,有利于充分发挥优秀人才的专业能力。

三、精简组织层级,以大平台实现资源优化共享

华为的组织宗旨是:让所有的业务活动都以客户需求为导向,所有人都以服务一线为己任。为了确保"铁三角"模式的实施,华为后方的组织结构也是配套的。

1. 精简企业管理层级,提高快速反应能力

对于华为的管理层级,任正非说:"过去的管理层级,应该是可以减少的。

这么多层级，一是管理速度慢，二是增加了许多非生产性的管理人员，降低了效率，增加了成本。"因此，随着华为规模的日益壮大与国内外业务的持续增量，华为开始着手精简行政组织机构、减少管理层级和行政人员。

而华为之所以能够大刀阔斧地精简机构，这与华为的IT建设已经能够支撑其全球业务的开展有关，解决方案设计、资源配置、财务结算等方面皆可通过IT平台来完成，这在很大程度上减少了对人的依赖。

在精简管理层级的过程中，华为最关注的并非如何消除层级体系，而是建立起一套适应企业发展的、新的、健康的管理体系。例如华为的全球销售总部，曾领导着全球上百个国家的分支机构，总人数有数万人；在实施精简之后，主要发挥着参谋服务的作用，总人数不到百人。

（1）精简企业管理层级。在华为内部，一度存在着"干部事事请示上级"的情况，这导致一些部门竟然是对应审批程序而存在的。任正非形象地比喻称，这些部门如同在制造垃圾，然后又对垃圾进行整理，随之又要养活一些没有必要养活的干部。在这样的情形下，企业的管理层级越来越多，但却没有实际存在的意义。因此，任正非指出："执行流程的人，对事情负责，这就是对事负责制。事事请示，就是对人负责制。"也就是说，要本着对事负责的原则，去精简企业管理层级，简化不必要确认的东西和不重要的环节。

（2）重新分配利益。在精简机关、压缩干部数量的同时，华为非常重视对利益的重新分配。在利益分配上，任何企业都很难实现绝对平衡，相关管理机构只能尽其所能地平衡各方的利益。而伴随着中间层级的消失，华为将被压缩的管理者转移到专业岗位和业务管理的岗位上，或送入项目资源池进行针对性培训,以等待一线的再次召唤。通过这种方式,华为保证了企业层级精简与人员压缩的变革得以平滑过渡,以此避免了激烈动荡的发生。

2. 建立支持前沿作战需求的支持性大平台

为了自动自发、快速地响应一线作战单元的需求呼叫,华为建立了一个资源集成管理的大系统,通过科学管理来实现各类资源的互联互通,进而支持华为全球业务活动的顺利开展。

任正非曾说:"技术日益趋同,客户需求日益多样化,只有靠平台的支撑,才能更快速地满足新形势下的客户需求。"在一个企业里,有很多支撑性流程在支撑核心流程。以华为的项目"铁三角"为例,项目"铁三角"业务是核心流程,周围或机关的人力资源、法务、行政、财务是支撑性流程。

在过去,企业的人事、法律和财务等职能被定位在"控制",而不是"提供服务"。这导致负责核心流程的团队必须耗费大量精力去协调和获取推动流程所需要的资源,极大地浪费了核心流程的生产力。所以,华为矢志于构建"炮火能呼之即来"的及时响应体系,建立能够共享服务的支撑流程与平台,让每个人被赋予的权力都能够发挥出更大的功效,进而更高效地开拓市场、发展客户,让企业能够在市场中快速响应。

在实践中,华为将不同的部门职能进行了合并。例如,华为将包括法律、财务、解决方案、信息系统、人力资源等职能合并于地区部,然后让分布在各地区的一线作战单元共享这些资源。在大平台的环境下,这些职能被从核心流程中分离出来。

当然，这些共享平台可以是多种类的平台。

任正非指出："这个平台不仅仅是研发，也包括财务、供应链、交付。"1998年，华为建立了销售及服务平台、产品研发平台、生产及供应链平台和财务平台等共享平台。至2008年，华为将全球原来的8个片区拆分成20多个地区部，使作战指挥中心进一步向一线前移。各地区部以销售服务为核心流程，由各大平台选派人员搭建小平台，并向各地区下沉，实施矩阵式管理，确保"让听得见炮声的人决策"。这种做法既最大限度地共享了资源，又避免了过去各业务单元各自为战的局面——只要前方表示有需求，那么大平台立刻提供对应的支持。

随后，华为又在共享平台的基础上，划分出核心网、无线网、网络、业务和软件四大产品线。各大产品线各有专注领域，成为专业的共享平台。以核心网产品线平台为例，该平台主要为无线和软件产品线提供共享资源，用以缩短研发周期，降低生产运营成本。随着市场需求的不断变化，华为也在不断扩展和优化平台，如前文中提及的重装旅也是华为后来研究出的一种为前方输送人才的平台。

共享平台存在的意义在于：以能够满足核心流程需要为原则，为一线项目组提供支持。作为华为共享平台的使用者——一线作战单元，凡是他们不需要的，就会被删减掉。他们对平台所提供的服务拥有选择权，公司会根据使用者所需来提供对应的支持资源。正如任正非所说："一个产品不能完全从零开始做起，要有丰富的平台、CBB支持，要有强大的工程工艺能力和技术管理体系支撑，使得产品的成本、质量能在一个很好的平台上得到实施。"

3. 企业总部从管控中心转变为支持中心

在支持性大平台建设的过程中，华为总部的角色也在发生着变化——华为总部由过去的管控职能转变为支持职能、监控职能和服务职能。公司最高的权力机构是股东会，其股东分别是工会和任正非。工会由持股员工代表会审议并决策，持股员工代表会由全体持股员工代表组成。这意味着：华为的最大受益人是持股员工，且员工收益会随着企业收益的增加而相应增加。

在运作方面，股东会主要通过董事会来对华为的整体业务进行指导和监督，对企业战略和运营中的重大事项做出决策。董事会下设人力资源、财经、战略、审计四大委员会。也就是说，华为董事会只保留审核、监督权，而将决策权下放至企业的EMT（经营管理团队），直至一线作战单元。

在过去，华为的EMT拥有经营决策权。但至2011年后，EMT全部下沉到运营商网络、企业、消费者和服务型业务等业务群，再分别由这些业务群进行经营决策。这是华为从中央集权模式向分权模式转换的标志性事件。其目的就是"让听得到炮声的人来指挥战斗"。通过这种向一线作战单元切实授权的方式，华为充分稀释了总部机关对整个企业的管控职能，从而避免华为总部对企业发展可能造成的掣肘。

任正非说："高速公路应该是有效利用资源，让汽车越跑越快，不要在高速路上扔小石子，否则就会成为路障。公司的机关作为专家团队，主要是协作推动、决策管理，而不是走向行政直营的方式。"他还提出："战术战役问题是前方指挥后方，后方要尽力支持前方要求。这是后方机关存在的唯一必要条件，机关不能为前方服务，那么这个机关是不必要设置的。战略问题由高层指挥，是因为战略往往要牺牲短期利益换取长期利益，要由高层投入保证。"

因此，华为总部不再负责具体业务的指挥和指导，而是把目光聚焦于长远目标，从大方向上为华为的发展把脉和领航。这对大多数企业的发展来说都是至关重要的，因为唯有基层务实、高层务虚时，企业才能保持其自适性。

四、全流程贯通规范，保障需求响应快速顺畅

华为的业务活动千变万化，其运转却是秩序井然。这要归功于其贯通规范的流程，使之能够避免不必要的探索，保证流程能够在企业中快速推行和贯彻，进而快速响应客户需求。

1. 架构以服务为导向的端到端流程，并持续优化

打通以客户为导向的端到端流程，是华为全流程管理的基本目标。什么是端到端流程？按照任正非做出的定义，是指"从客户需求端出发，到满足客户需求端去，提供端到端服务，端到端的输入端是市场，输出端也是市场"。当一个企业的所有组织及工作的方向都始终朝向客户需求，那么这个企业就永远不会迷航。

（1）打通"端到端"流程。任正非特别强调："端到端使各部门、各岗位就其所承担的主要职责（业务管理、财务管理、人员管理）获得集成化的、高

效的流程支持，而不是各类流程看似各自都实现了端到端打通，但到了真正使用流程的部门和岗位那里却是'九龙戏水'，无法配合，效率低下。"

华为认为，构筑端到端的流程，要先解决"通"的问题，即先打通流程环节。任正非指出："要沿着客户价值创造链梳理，打通端到端的流程。"17世纪瑞典建造了世界上最大的战舰，国王要求战舰航速快、火力强、装饰华丽。由于其处处追求细节，但却忽略了自身承载能力，最终，战舰在处女航中就沉没了。任正非对此评价说："建造战舰的目的就是作战，任何装饰都是多余的。我们在变革中，要避免画蛇添足，使流程烦琐。"这要求企业在确定组织结构时，先梳理主干流程，再根据主干流程建设流程化组织。

1997年，IBM咨询人员针对华为当时的研发管理情况做出诊断：对客户需求缺少前瞻性关注，反复做无用功；缺少跨部门结构流程，部门之间完全依靠人工进行衔接；企业内部存在严重的"部门墙"问题，各自为政；人员作业不规范，项目执行混乱，版本通过率非常低。

IBM的诊断结果让华为深刻意识到了问题所在。随后，华为以客户需求为导向，紧紧围绕价值创造，历经8年之久，最终构筑了高效的流程化运作框架。任正非指出："那些不能为客户直接和间接创造价值的部门为多余的部门、流程为多余的流程、人为多余的人。我们要紧紧围绕价值创造，来简化我们的组织与流程。"对于那些不符合此标准的部门、节点、人员，皆被视为"冗余"而被减掉，华为的流程成为简单、清晰、快捷的"端到端"流程。

在流程管理方面，华为一直在努力实现更优。华为轮值CEO郭平在蓝血十杰表彰会上指出："我们要不断提炼和归纳华为过去二十多年的经营管理思想、变革的经验和教训，以及我们对经营管理规律的认识（云），指导公司未来的战略制定和经营管理工作，持续提升运营效率和盈利能力（雨），并通过持续渐进的管理变革，使华为的管理从目前的带有很强部门特色的'段到段'，逐步走向以'端到端'的数字化管理体系（沟）。"可以说，华为一直在努力通过"云、雨、沟"来切实打通和落实"端到端的流程"。

（2）在实践中优化。为了突出因地制宜性，华为还会允许员工在实践过程中参与流程总结、集成及优化。人们可以从"实战"中获取经验教训，从全流程视角去审视流程建设或流程改善，以提升企业的整体业务效率。

2013年4月，华为的一个项目组与客户签订了地铁通信项目合作协议。该项目组的客户经理在签单成功后慨叹："非常喜悦，但是步步惊心！"他指出，当时由于缺乏先例，团队成员对合同签订流程并不足够了解。比如合同中对于罚款的定义，地铁产权和物权的转移与运营商的有所不同，无法借鉴华为以往与运营商合作时的合同经验。该项目组非常希望能达成合作拿下这个项目，同时又担心对新行业项目建设的理解不够而造成不良后果。所以，该项目组的客户经理私下请教相关人士的经验，并找到类似项目的合同文本逐一比对，明确该行业的统一标准。就这样，项目组一边找人学习，一边探索，一边实践，最终顺利完成了合同签订流程的梳理。

可以说，这个项目组并未简单套用华为过去的业务流程，而是立足于现实，梳理和集成了一套适合新行业领域业务建设的流程。

任正非指出："任何一个人在新事物面前都是无知的，要从必然王国走向自由王国，唯有学习、学习、再学习；实践、实践、再实践。"对于任何企业来说，之所以能够快速行动，离不开顺畅的流程，而顺畅的流程则来自持续实践、总结、集成与持续优化。

2. 以规范的流程语言，使全员的认知得以统一

规范的流程语言是统一员工认知和行为的前提条件，是企业文件制作的基本要求之一，这也是华为非常重视的流程管理与组织管理要求。

对于规范化管理的要领，任正非说："就是工作模板化，就是我们把所有的标准工作做成标准的模板，就按模板来做。"不过，在企业中总是存在这样一群人——他们知识渊博、业务能力强、持续创新，美中不足的是，他们抵触"规范""标准"这类要求。

华为内部曾发表过一篇《标准不是一纸空文》的文章，对那些不遵从流程的人提出了批评意见："作为个别用户，您也许体会不到标准有多么重要，但作为一个大型制造企业的内部 IT 热线中心，我们深深感到制定和推行标准的必要性和紧迫性。当今，信息技术迅猛发展，产品换代日益加快。像我们这样拥有一万多名员工的大公司，如果计算环境不实施标准化，各部门或个人的硬、软件平台全都根据自己的需要进行选择和配置，势必五花八门。那么一旦有人遇到故障，很难想象能够寻出一位'全能技术好手'来应对它，即使是整个 IT 热线中心倾城出动，也未必能够应付这些千奇百怪、毫无规律的各种软件、硬件故障，更谈不上经验积累。"

华为要管好 19 万员工和全球几百个国家和地区的业务，如果没有规范化的流程语言而使得人们统一认识，那么它是很难推进企业业务的顺利开展的。

为了确保流程语言的规范化，以便统一全员的认知，华为对以下两个方面是非常重视的。

（1）固化程序要求。固化程序要求，即把能确定的流程环节、具体要求等，全部予以制度化、程序化。诸如专利申报、财务划转等工作，应让其实现规范化的管理与执行，并不断把例外事项变为例行的事项。华为曾反复强调，对于企业已经明确有规定或者已成为运作惯例的事项，要使之沿着流程要求尽快通过；对于还没有规定的事项，则应多加研究，使之尽快成为规定和惯例。一个企业的例行事项越多，流程处理就越快；科学化的程序越多，个人的经验知识就越不需要。企业在例行化上应围绕"事"进行，而不是人。

（2）让流程模板化。诸如岗位操作标准、合同文本规范等文件，皆选用同样的模板，且能够让人们灵活地运用模板。任正非说："提供了一个样板，一个模板，并不是让你绝对地、教条地去执行这个模板。你可以在这个上面做些有序的改动，好过你什么都从头想一遍。"这样既能确保输出的高质量、高标准，又能节省时间，快速响应需求。

3. 明确流程执行人员的责权利，确保流程运作顺畅

为了确保实现全流程贯通的目标，企业必须明确流程上各环节人员的责权利，从而使得各环节能够术业专攻、各司其职，避免出现流程责任不清或交叠等问题。

2014年，《华为人报》发表了一篇名为《"波"澜老成：把"自治权"还给开发者》的文章。文中描述了一种问题现象：版本开发团队经常会抱怨X管

理部门要求用 A 工具，Y 管理部门要求用 B 工具，两种工具存在很多重叠项，为其付出了很多学习成本；这项工作要求提升效率，那个项目又要求全面排查质量；试点项目要求人们以新版文档交付，但流程审计人员检查的却是老版文档，人们的大量精力都被用于文档转换……面对诸多问题，版本开发团队苦恼不已。为此，开发团队主管请求上级领导协调不同部门的管控要求；而领导则指示"开发团队与这些部门关联不大，不必一一满足那些部门的要求"。该主管抱怨道："公司的'庙'多，没准哪天就得'拜佛烧香'，谁也得罪不起！"

在这个问题描述中，不同部门都会对版本开发工作提出意见、做出要求，但是他们往往只考虑某项改进对本部门业务的收益，而未从整体的角度去商榷这项改进或开发是否存在内部冲突问题。

后来，华为针对版本开发工作进行了重新规划，即明确开发团队和各部门的权责——授予开发团队更大的改进自主权（比如，改进内容、改进时间、改进目标、改进方案、改进评估效果等，都由开发团队负责），并将各部门的职能定位为支撑职能。此外，华为在测试领域建立了 3A（指定时间支持、指定地点支持、指定人员支持）责任制。如此一来，各部门要求改进的项目数量越来越少，而测试经理在改进工作上的关注度和投入量则明显增大，不同改进项目之间的协调效果更为明显，责任落实也更加到位。

华为内部对版本开发团队工作的改进，进一步明确了各团队与部门的权责利，各司其职，由此保障了流程的流畅运行。这也是华为沿着流程设计进行授权与行权的典范事例。这种做法实现了权力的逐层下放，最终实现客户需求驱动的流程化组织建设目标。

此外，在华为沿着流程环节进行授权的过程中，人们还非常注意授权人选问题——他们会把权力下放给最理解流程、最有责任心的人员，并要求其对流程进行例行管理。而且，华为还把高层例外管理的权力也转变为例行管理，极大地减少了人为干预的频率，由此让确定的事情得以快速通过审批。

在例行管理过程中，可能遇到某个人离开导致流程中断的情况。针对这种情况，华为实施了管理岗位AB角机制，以此保障业务流程的持续运行。"AB角机制"是指A员工对某项工作担负主要责任，B被作为A的接替者——当A因某个原因而无法负责该流程的工作时，B便会立即站到A的位置，担负起A的责任来。A与B二人不得同时离开工作岗位。"AB角机制"的特点是B的职位高于A，B具有比A大或多的决策权。在B替代A工作的过程中，B可以自行决策相关事宜，而不必向上级请示。这种机制的设置极大地排除了不确定性因素给工作所造成的干扰和阻碍，确保了流程的持续运行。

如此一来，华为的每个工作流程上都有了明确的责任人（包括接替人）、主管人、分管领导，每一级都有各自明确的责任，确保了员工在工作过程中遇到任何事件时都能够快速采取处理措施。例如，每级责任人在签署下级文件时，都要明确自己的处理意见，而后再行上报。当这一切处于清晰状态后，华为的流程运行越发顺畅，自然也就能够对内外部需求做出快速反应了。

第三章 面向市场，理性创新，勇于挑战无人区

作为一个高科技企业，如果没有创新，那么它是很难生存下去的。因为在高科技领域，企业竞争压力非常大，稍一松懈企业都可能由此走向衰败。正如任正非所言，对于企业来说，不创新是最大的风险。这种对创新的深刻认知催促着华为长期坚持不失理性地创新实践，同时勇敢地挑战无人区。

一、自主创新，以核心技术打造企业竞争力

在当前全球经济一体化的趋势下，创新被企业视为生存之根本、发展之动力。华为深刻认识到这一点，并基于这一认识而在战略上始终坚持自主创新，以此来打造企业竞争力。

1. 避免不创新的大风险，提高企业竞争力

麦肯锡欧洲区主席赫伯特·亨茨勒对于创新的观点非常鲜明："只有具备创新能力的人才能获得成功，而不是仅仅当个依葫芦画瓢的模仿者。"放眼世界范围，华为及其竞争对手们都在不断前行，任何一家企业只要稍有懈怠，很快便会一落千丈。

华为从成立之初就力主创新，发展企业的核心技术，并把创新视为企业的生命。安利事业创始人之一理查·狄维士曾说："我们永远不能自立，我们将永远不能摆脱贫困。只有自立，才能拯救自己。"企业也是如此，唯有实现自强自立，打造出区别于其他企业的核心竞争力，才能在行业竞技场上与竞争者们一较高下。

华为在初期创业时，主营业务是代理香港的 HAX 交换机，自身并未掌握任何核心技术。而当时，外国竞争对手的竞争优势非常明显，这使得华为在市场上的处境非常艰难。任正非说："外国人到中国是为赚钱来的，他们不会把核心技术教给中国人，而指望我们引进、引进、再引进，企业始终没有独立。

以市场换技术，市场丢光了，却没有哪样技术被真正掌握。我国引进了很多工业技术，为什么没有形成自己的产业呢？关键核心技术不在自己手里，掌握核心、开放周边，使企业既能快速成长，又不受制于人。"任正非认识到了核心技术的重要性，也坚定了他对"以技术寻求企业自强自立"的信念。

为了开发出自己的核心技术，华为在技术研发上投入大笔资金，甚至将"按销售额的10%拨付研发经费"写进了1988年出台的《华为基本法》中。1992年，任正非先后将1亿元人民币投入到数字交换机的研制上。至1994年，华为推出C&C08交换机，自此奠定了华为在国内通信市场的技术领先地位。

对华为来说，技术创新是一条漫长的道路。华为始终未曾对创新有所松懈。因为他们深刻体会到"不创新，就灭亡"的残酷性。在创新的道路上，华为硬是用自己的双手"刨开"了一条血淋淋的道路。

比如，已经过去的2019年，可谓是华为发展史上险象环生的一年。受美国贸易禁令的影响，华为在海外市场上遭遇了严重的冲击。然而，在这样极限黑暗的时刻，华为却宣布其曾经打造的"备胎"技术与器件"转正"，确保了华为能够兑现为客户持续服务的承诺。

在很早以前，人们习惯于把创新视为一种冒风险的行为。而从发生在华为的现实事例来看，不创新才是企业最大的、真正的风险。是华为所坚持的自主创新，使之在遇到外力冲击时，有足够的底气与能力去披荆斩棘"放大招"。对于科技创新型企业来说，是创新为其带来了新生与可持续发展。

诚如任正非早前所言："有创新就有风险，但绝不能因为有风险，就不敢创新。回想起来，若不冒险，跟在别人后面，长期处于二流、三流，我们将无法与跨国公司竞争，也无法获得活下去的权利。若因循守旧，也不会取得这么快的发展速度。"

我们可以这样理解：虽然企业每年的科研和市场的投入是巨大的，但是它蕴含的潜力远大于表现出来的实力，这是企业得以持续向前发展的推动力。事实上，这也是华为能够抵抗住极限压力、实现企业持续发展的重要原因。

2. 保障创新投入，以创新追求成本优势

创新离不开成本投入。关于创新的成本问题，一直是华为经营管理中的一个重点。

一方面，华为面向创新所投入的成本是严格控制的。一直以来，华为都将研发开支保持在销售额的10%以上。2018年，华为研发投入1015亿元进行创新，近十年来研发费用总投入超过4800亿元。在华为的19万名员工当中，研发人员的所占比例高达45%。

另一方面，华为矢志于通过技术创新来打造企业的成本优势。部分欧洲国家曾发表谬论，认为华为是以超低的价格在欧盟市场上实施倾销行为，对欧盟厂商造成了经济利益损害。对此，华为予以明确的回应："华为是通过明智的、技术性的创新来降低整体运营成本，而不是通过定价方式。"很明显，这种创新行为与企业成本优势的获取之间达成了统一。

时至今日，华为仍然在加速创新行动，用创新成果占领市场，赢得市场技术优势与成本优势。作为高科技公司，技术创新是华为的永恒主题。

二、保障研发的商业实现，反对盲目创新

为了在市场上取得领先地位，抢占更多的市场份额，任正非要求华为人每时每刻都要思考新技术的开发问题，提升企业的核心竞争力。不过，在华为，创新行为并非随意而为，而是必须保持恰当的程度。

1. 把握创新的度，只领先竞争对手半步

任正非和华为的领导人都曾公开表示，技术创新是华为发展的核心动力，但当技术创新远远领先于客户实际需求时，它不仅很难给企业带来价值，反而会给企业造成极大的负担。

任正非这样说道："超前太多的技术，当然也是人类的瑰宝，但必须牺牲自己来完成。IT泡沫破灭的浪潮使世界损失了20万亿美元的财富。从统计分析可以看出，几乎100%的公司并不是因为技术不先进而死掉的，而是因为技术先进到别人还没有对它完全认识和认可，以至于没有人来买，产品卖不出去却消耗了大量的人力、物力、财力，丧失了竞争力。许多引领世界潮流的技术，虽然是万米赛跑的领导者，却不一定是赢家，反而为'清洗盐碱地'和推广新技术而付出大量的成本。但是企业没有先进技术也不行。"

所以，华为奉行的产品技术创新战略理念是：保持技术领先，但只能是领先竞争对手半步；杜绝领先三步，以免成为创新的"先烈"。

2. 反对盲目创新，避免过度创新

华为这套"技术开发只能领先竞争对手半步"的创新战略思想，并非凭

空设计出来的，而是从早期创新失败的教训中总结得出的。

1998年，华为在中国联通的CDMA项目招标中落选，这对当时的华为来说是一次重大的打击。后来，华为内部就此项目招标过程进行了检讨和分析。当时，市场公认的3G产品存在两个版本——IS95版和IS2000版。如果将二者进行比较，前者的技术相对成熟，而后者采用的是新技术。华为的战略分析认为，IS95版属于过渡产品，市场最终要向IS2000版过渡，而且这一版本还可以兼容IS95版。于是，华为投入了大量资源来研发IS2000版本。然而，在实施项目招标时，联通考虑到IS2000版是新研发出来的版本，担心其性能不够稳定；而IS95版的版本虽然老，但可以确保系统运营的稳定性。在这样的考量与权衡下，联通选择了IS95版本。

这次项目之所以招标失利，归根结底在于华为未考虑客户当下的实际需求，而进行了在市场上略显超前的技术创新。

对于企业经营与服务客户的角度来说，企业的绝大部分创新行为，应该是一种在恰当地满足客户需求的基础上进行持续革新的活动——这样客户才会为之买单，企业才能获得市场收益、取得继续存活的可能。

所以，任正非指出，华为的研发人员必须端正对创新程度的认知，在实践中把握好创新的尺度，甚至可以考虑在原有的基础上做一定程度的优化。而且，在创新时要聚焦于某一点，以免使得企业的投入因发散而失于乏力。

3. 紧密围绕客户需求，渐进实施微创新

对于任何一个企业来说，其能够存活下来都必然有一个充分必要条件：

优先满足客户需求,并在此基础上管控好质量,做好服务,形成低成本优势和稳定的现金流。因此,华为在创新活动中,从一开始便把目标对准客户需求,将"以客户为中心"作为核心价值主张,把技术创新与客户需求紧密结合起来。

围绕这一价值主张,华为大力贯彻"微创新"战术。所谓"微创新",是一种围绕客户的精微需求和体验提升而实施的渐进式创新模式。在互联网行业中,通过微创新形式来为企业开启新型商业模式的事例不乏其例。

随着智能互联技术的强化,各行各业都在尝试并投身于跨界和融合的大趋势中,并持续地接受着各种来自市场的检验。在此过程中,所有企业都必须具有敏锐的市场洞察力,紧密围绕"客户需求与体验"进行敏捷创新,以此推动企业的生存和持续发展。

而对于华为来说,微创新并非新名词。2004 年,华为的网络设备领域在荷兰实现了零的突破,这主要是缘于华为为了解决客户需求而在原有基站塔上安装了 3G 基站的"微创新"。甚至,华为的整个移动终端业务都相当于是为了满足欧洲运营商 3G 数据业务普及而发展出来的。正如任正非所言:"创新不是推翻重来,而是在全面继承的基础上不断优化。"他还特别指出,"华为公司拥有的资源,你至少要利用到 70% 才算创新"。华为创新行为控制之有力程度,由此可见一斑。

三、拥抱颠覆型创新，敢于深入无人区

虽然华为在创新的"度"上有所要求与控制，但并不是说华为禁止颠覆性创新。任正非的《用乌龟精神，追上龙飞船》一文指出："要满足客户需求的技术创新和积极响应世界科学进步的不懈探索，以这两个车轮子，来推动公司进步。华为要通过自我否定、使用自我批判的工具，勇敢地去拥抱颠覆性创新，不要怕颠覆性创新砸了金饭碗。"

1. 允许有一小部分新生力量去颠覆性创新

2013年12月31日，任正非发表了一篇文章，标题是《大公司如何做到"不必然死亡"》。在这篇文章中，任正非说，在瞬息万变，不断涌现颠覆性创新的信息社会中，华为就像"宝马"，正在迎接特斯拉的挑战。他说："宝马追不追得上特斯拉，这段时间是我们公司内部争辩的一个问题。多数人都认为特斯拉这种颠覆性创新会超越宝马，我支持宝马不断地改进自己、开放自己，宝马也能学习特斯拉的。汽车有几个要素：驱动、智能驾驶（如电子地图、自动换挡、自动防撞，直至无人驾驶……）、机械磨损、安全舒适。后两项宝马居优势，前两项只要宝马不封闭保守，是可以追上来的。当然，特斯拉也可以从市场买来后两项，我也没说宝马必须自创前两项呀，宝马需要的是成功，而不是自主创新的狭隘自豪。"

从这段话可以看出任正非的一个观点：大公司并非必然死亡，也不一定会惰怠保守。但是，如果大公司最终死亡，那么在很大程度上是因为惰怠保守。

2014年11月14日，任正非在华为公司战略务虚会纪要中做出明确指示：华为大多数产品一如既往地重视延续性创新，同时允许有一小部分新生力量去进行颠覆性创新，但是必须限制在一定的边界范围内。这意味着华为在坚持微创新的思想基础上，开始允许企业创新战略向大幅创新的方向略微倾斜。

2. 敢于进入无人区，探索新的引领方向

在华为的众多战略路径之中，"踏足无人区"可谓是重点中的重点。根据新汉语词典的释义，"无人区"是指一个长期空置的土地或不适合人类居住的地区。而对于企业而言，无人区则是指那些尚未有其他企业进入的行业领域。这些领域对于企业来说是风险与机遇并存的——企业如果成功了，便会赚得盆满钵满；而一旦创新失败，企业则可能遭遇"灭顶之灾"。

在过去三十多年的发展过程中，华为长期扮演着追随者的角色，始终努力追赶着爱立信、西门子、阿尔卡特等行业巨头。近年来，随着企业发展的不断加速，华为终于将这些巨头甩到了身后。如此一来，一个新的问题被摆在了华为面前：没有了行业与市场的领路人，华为该往哪里走？

在这样的发展境况下，任正非提出了"进入无人区"的口号，号召华为人勇敢迈出前人未曾走过的第一步。他说："喜欢谈战略的公司大多死得很快，只有那些敢于动刀、真正敢打敢干的企业才能走得更远。华为已经走在了大多数企业的前面，虽然我们还没有做好引领行业的准备，但我们必须像丹柯一样，勇敢地走下去。"

任正非曾给华为人讲了一个关于英雄丹柯的故事：一群生活在草原上的人被其他种族赶到了森林里，死亡时刻笼罩着他们。这群草原人只有走出森林，才能获得生存的希望。这时，丹柯提出由自己领导大家走出森林。道路非常崎岖，他们走了很久，开始筋疲力尽、抱怨连连。为了让人们停止抱怨和尽快走出昏暗的密林，丹柯取出了自己的心脏，照亮了前进的路，带领人们走出了森林。最后，丹柯死了，他的心变成了草原上最闪亮的星星。

任正非把通信业的领路人比喻成丹柯，希望华为人也能像勇敢的英雄丹柯一样，引领通信产业人的前行之路。虽然这是一个充满不确定性的探索过程，企业可能为之付出极大的代价。但是，华为上下应对"成功找到方向"抱持坚定的信念，并为之全力以赴。

任正非在全国科创大会发言称："从科技的角度来看，未来二三十年人类社会将演变成一个智能社会，其深度和广度我们还想象不到。越是前途不确定，越需要创造，这也给千百万家企业公司提供了千载难逢的机会，我们公司如何去努力前进，面对困难重重，机会危险也重重，不进则退。如果不能扛起重大的社会责任，坚持创新，那么企业迟早会被颠覆。"时至今日，华为已经在"无人区"找到了引领行业正确发展的方向，并且取得了斐然的战果。

3. 将知识产权作为企业自我保护的屏障

包括探索"无人区"在内的各类创新与探索，对于企业来说意味着巨大的投入。事实上，几乎没有人会愿意像华为这样，每年投入巨额资金，去开展创新研发工作。因为，一个企业在研发方面如果投入得越多，越有可能被其他企业抄袭。而企业的投入与回报如果未能实现平衡，便会导致企业失去竞争力。所以，华为在创新活动的不同阶段，必须采取对应的控制与保护措施，而将知识产权作为自己的保护屏障便是其中之一。

截至2018年底，华为在全球累积授权专利数量为87805件，其中美国授权专利数量为11152件。根据世界知识产权组织发布的数据，2018年华为向该机构提交了5405份专利申请，在全球所有企业中位列第一。

可以说，华为在通信领域已经拥有了这个行业最具价值的知识产权组合。而知识产权申请又使得华为的创新行为在业界内获得了法律保障，避免了其研发出的专利被竞争对手不正当地滥用，同时也为华为带来了更大的竞争力。

当然，在持续创新、勇闯无人区的同时，华为并没有表现出盲目的自信，也没有好高骛远。事实上，任正非在以技术创新为武器、开拓"无人区"的同时，始终抱有着一份危机感，正如他所说的那样："我们对智能时代认知不足。就像军队打败了敌人，但是眼前是战争的无人区，心里是战略的无人区，头脑中是梦想的无人区。我们要面对的是远离人群和无法准确定义的敌人，而孤独可能导致误判一个崭新的时代。"时代的嬗变让人们战战兢兢、如履薄冰，但是这又使华为在技术创新方面勇敢地直面向前，迎难而上。

四、创新业务模式，助力客户的商业成功

除了技术创新之外，华为还在业务模式上进行了探索和创新。

1. 面向市场，以客户痛点为创新切入点

对于市场和客户来说，那些能够解决其痛点的创新才算得上是企业的好创新。华为在实施创新之前，特别关注客户的痛点是什么，以及如何帮助客户解决痛点。

任正非说："让客户感知到这个痛点就是他想找的，让客户看到他的未来，认同这个未来，然后和我们一起去找解决方法，看我们能给客户提供什么服务，帮助他走向未来。这样的沟通和探讨才能引人入胜，客户才会关注我们解决这一问题的措施和方案。只有当客户深刻地认识和理解了我们，他才知道我们这个战略伙伴和别人有什么不一样，才知道我们能提供给他的是什么样的未来，才会买我们的设备，我们才能活下来。"

程林空（化名）是华为子产品线技术负责人、软件 BU 技术体系负责人。2008 年，一家欧洲的电信运营商计划进行网络升级改造工程。在与客户沟通的过程中，程林空及其团队发现，客户期望构建一套能够高效支持内容、广播、视频等多方面功能的、综合性的开放平台，而且支持宽带与窄带的一体化，并可进行二次开发。于是，程林空及其团队迅速带领团队设计和修改方

案,并进行反复的测试和演练,确认平台架构的效果。

在竞标现场,客户提出:以 W 公司平台架构为基础进行开发,以匹配企业业务需求的持续变化。程林空指出:"W 公司平台架构在性能和可靠性等方面尚未达到电信级产品的标准要求,关联技术也尚不成熟,在业界尚缺少成功案例。此外,如果采用 W 平台架构,那么现有业务将面临平台迁移割接等诸多问题,开发成本会大幅增加。"程林空并未盲目地对客户想法表示认同,而是专业地指出了其中隐藏的问题,并给出了一套业界领先的双引擎解决方案——既能满足电信级要求,又能满足客户对开放性及二次开发的需求。客户对程林空的方案大为赞赏,并采用了他的建议。

程林空一开始就准确地抓住了客户的痛点,又有强悍深厚的技术功底和客观中肯的建议作为辅助,由此快速获取了客户的信任,赢得了为客户服务的机会。而在这样的沟通过程中,华为也确保了其创新行为是基于客户的实际需求的,避免了无用的、盲目的创新。

华为的这一做法是非常值得借鉴的。企业想获得客户信任,应以"希望客户信任自己"为目标去思考怎么做、如何创新。这时,企业必须准确挖掘客户的痛点,然后针对痛点进行研究和分析,并与客户进行有效沟通。这种以结果驱动的挖掘"痛点"的思维,可以让企业更理性地进行创新,更优质地满足客户需求,甚至帮助客户获得商业成功。

2. 从单品技术创新向解决方案转变的创新实践

从单品技术创新向解决方案转变,这是华为经营策略上的一次重大转变。

为什么华为决定做出这样的转变呢?原来,华为在海外市场拓展过程中发现:对于很多大客户特别是欧美等发达国家的客户,他们最关注的不是产品的功能或价格,而是设备供应商的综合实力。也就是说,这些大客户希望企业能够在产品设计、生产、交付、安装、服务的整个过程中都为其提供系统解决方案。

华为中标德国电信运营商 QSC 的 NGN 项目之后,QSC 的总工程师公开解释了华为中标的原因:"以提供全面的商业通信解决方案而著称的 QSC,将为客户提供更加丰富、便捷和经济的通信服务。华为公司快速响应客户的需求能力和出色的技术创新能力让人印象深刻,其'端到端'的解决方案满足了我们客户的需求。"

事实上,几乎全球各地的电信运营商都在担心一个问题,那就是他们采购设备之后的数年中,是否会出现因供应商破产倒闭或服务能力有限,而导致设备升级、维护困难的情况?因此,每一个电信运营商在购买设备时,都会重点考察设备供应商的资质情况。

任正非在 2010 年 PSST 体系干部大会上讲话时指出:"我们现在提的无线解决方案、网络解决方案,其实都是以自己为中心,不是以客户为中心。客户需要的是一个综合解决方案,它可以是华为做得好的东西,也可以包括华为从外面买进来的东西,只要满足其需求。因此,公司提出了运营商解决方案、企业解决方案和消费者解决方案概念。"

面向客户所需,积极实施业务管理模式创新与变革的这种做法,IBM 的实践要远远早于华为。

IBM 在很长时间里都是以销售各类计算机主机为主要业务,但在 20 世纪

90年代初期,IBM遭遇了严重的经营危机——连续三年的亏损,金额高达160亿美元。而IBM内部的庞大行政管理体系,使其丧失了对市场的敏锐把控和响应能力。IBM不得不寻求外援,于1993年找来了郭士纳出任CEO。

郭士纳发现一种市场现象:客户期望能把市场上不同功能的产品整合起来,以有效利用。于是,他决定开启转型之路,自此,IBM开始从提供单品和服务转变为向全球知名企业提供大规模和高质量的整体解决方案。

经过业务模式的创新与变革,IBM赢得了许多重要客户的服务合同。比如,为宝洁公司提供为期10年的全球性服务协议,为近80个国家的宝洁分公司提供整体性的员工管理服务。再比如,为华为提供综合性解决方案,帮助其在企业建立IPD管理流程等。如今,为客户提供整体解决方案已成为IBM营收的重要来源。

在20世纪90年代,PC行业的利润尚为丰厚可观,但是郭士纳却在那时预见到了未来——单品销售模式终将式微,新的销售模式必将崛起,由此他组织企业进行了软件开发和服务解决方案的业务转型。

华为作为IBM的学生,也逐渐在激烈的市场竞争中认识到了这一点。经过多年的持续发展,华为已经从技术导向转变为客户需求导向,从最初的单纯关注产品转变为提供整套解决方案,从"追求企业自身发展"转变为"助力客户实现商业成功"。这是一种针对业务模式的前瞻性判断与理性创新。

华为在某国赢得A运营商的一份3G商用合约,客户提出"希望成为全网第一个商用的城市"的需求。项目组快速组织有限资源,并形成解决方案。工程前端小组对G网扩容和W网的新建进行联合勘察;与客户成立联合设计小组,快速定义基站解决方案;后端供应中心提前生产备货;分包商进行适应性培训,把握设备安装要点……随着工作的有序开展,第一个商用城市的部署工作提前两周完成,且各项指标均达到合同的要求。同时,项目组还精心制作了一份"WCDMA 网络商用保障计划"递交给客户。最终,客户成为第一个成功实现 WCDMA 网络商用的城市。

华为根据客户需求,为客户提供了全套解决方案和全面的服务体系及管理体系,帮助客户取得了商业上的成功。后来,在该国最大的信息周刊上,该运营商的 HSDPA 速率排名第一。

时至今日,华为的综合解决方案也随着技术发展而日新月异。

自 2009 年起,华为着手 5G 研究,并累计投入 20 亿美元用于 5G 技术与产品研发。目前,华为已具备从芯片、产品到系统组网全面领先的 5G 能力,也是全球唯一能够提供端到端 5G 商用解决方案的通信企业。华为的产品和解决方案则聚焦运营商站点选址、频谱重耕、建设投资、运维成本等实际困难,实现了很多创新和优化,其全面的 NSA/SA 双架构解决方案可以帮助运营商向 5G 网络平滑过渡。截止到 2019 年 9 月,华为已在全球 30 个国家获得了 50 个 5G 商用合同,5G 基站发货量超过 20 万个。

2019 年 6 月 6 日,工业和信息化部正式发放 5G 牌照。"华为中国"官微在第一时间表示,将凭借企业全面领先的 5G 能力,为中国的 5G 产业提供最优方案。

任正非在内部讲话中多次强调过华为业务模式转变(提供解决方案)的重要性:综观全球领域,越高层、越广泛的战略合作,就越是关注解决方案,而不单单关注具体的产品或技术。所以，华为的创新实践必须从过去的单品创新、技术创新，转为"为客户提供针对性的综合解决方案"，并将二者有机结合起来。这一判断与业务模式创新的成功已经在实践中得到了验证。

第四章

严守规则，严格自律，走上规范化管理之路

企业如同一个复杂运转的机器，若想实现高效优质、高产低耗，就必须采用科学规范的方法进行管理。作为企业，要严格遵守行业规则、市场规则，确保自身处于科学化、合理化管控状态；作为员工，要遵循企业规则、严格自律，以职业化意识、规范化行为来确保企业规范化管理的实现。

一、削足适履，三化管理，积极探索最佳管理模式

1997年，华为开始从外部引入"管理咨询"智囊团，历年累计支付的咨询费用高达几十亿美元。华为之所以选择邀请国际型企业为华为提供咨询帮助，其目的在于为华为构建科学的研发、供应链、财经、人力资源、市场等方面的制度和流程体系，加快华为的国际化发展步伐。

1. 敢于"削足适履"，推动流程管理规范化

在1998年颁布的《华为基本法》第85条中，华为针对流程管理做出要求："流程管理是按业务流程标准，在纵向直线和职能管理系统授权下的一种横向的例行管理，是以目标和顾客为导向的责任人推动式管理。处于业务流程中各个岗位上的责任人，无论职位高低，行使流程规定的职权，承担流程规定的责任，遵守流程的制约规则，以下道工序为用户，确保流程运作的优质高效。"这一要求体现出对流程规范化管理的高度认知，但是这并非华为创立之初形成的，而是华为人在无数次挫败后通过深度总结而获得的。

在创立早期，华为因缺少科学的流程和规范的制度而导致项目失败的情况不胜枚举。华为轮值CEO郭平回忆称，在他刚入职从事研发工作时，华为几乎没有"产品工程"的概念，也没有科学的工作流程和管理制度。而决定一个项目是否能够运作成功，主要靠的是项目经理的能力和项目运作的运气。郭平在评价其负责运作的第一个项目时称是"运气不错，为公司挣了些钱"。但是，

他随后运作的两个项目却是成败皆有。这实际上是1999年之前华为产品研发的普遍状况——项目运作成功是非常偶然的。

正是看到了这种偶然的成功和个人英雄主义有可能给公司带来的不确定性,华为才决定开始引入外脑,对企业内部进行管理体系的规范化建设。

在华为不断尝试管理模式的过程中,一些华为人提出了疑问:"美国的管理模式真的适合华为的具体情况吗?""华为是否应当根据中国国情和实际情况,对西方管理技术进行改造或选择性应用呢?"对此,任正非回答道:"华为不能盲目地、支离破碎地改动大的流程与程序,华为目前的情况是只明白IT这个名词的概念,还不明白IT的真正内涵,在没有理解IT内涵前,千万不要改进别人的思想。"他明确表示:"我们现在买一双西方鞋,中国人可能穿不进去,在管理改进和学习西方先进管理方面,我们的方针是'削足适履',先僵化,后优化,再固化。"任正非这句话充分体现出了华为向规范化管理进军时选用的基本模式和抱持的勇敢决绝之心。

2. 业务流程变革三步曲:先僵化,后优化,再固化

为了确保业务流程与规则管理变革的成功,华为于1999年11月首次提出"三化管理"模式:先僵化,后优化,再固化。也就是说,华为员工在学习西方管理技术的第一阶段里,必须全面地接受这些管理技术,待人们对整套系统的运行形成系统深刻的认知后,再行调整优化,最终生成一套最适用于自己的管理模式。

围绕"三化管理"方针,任正非在华为干部会议上特别予以告诫:"5年内

不许你们幼稚创新，顾问说什么、用什么样的方法，即便认为他不合理也不许你们动。5年之后，把人家的系统用好了，我可以授权你们进行局部的改动。至于进行结构性的改动，那是10年之后的事情。"为什么任正非特别做出这一要求呢？因为作为科技型企业，华为聚集了众多高级知识分子，这些高智力者往往有自己独到的见解，容易形成很多独特的思想和见解。但是，一旦人们的认识不统一，就容易分散人们的精力。而且，新引入的管理模式、技术与方法也可能触及部分人的利益，这部分人会以优化之名，找出各种抵制变革的理由，成为企业发展的超级阻力。

在"先僵化"阶段，华为人所面临的压力更多是来自于内部。一位曾在集成产品开发推进小组工作过的员工回忆称，他们整天都被研发部和销售部批评。但是，华为上下还是坚持了下来。在经历了僵化阶段的困难期后，任正非要求华为员工将这些被僵化的管理模式和方法，结合中国国情再灵活运用，即进入了"优化阶段"。而后将优化的结果加以制度化和规范化，即"固化阶段"。

这场艰难而漫长的变革行动，被人们称为"华为有史以来影响最为广泛、深远的一次管理变革"。而整个"削足适履"的艰难过程，也为华为扎扎实实地打造了一套具有高度适应性的管理模式——由IT技术支撑，实现了优化与再造，能够快速响应客户需求。

随着华为公司规模的逐步壮大和市场范围的持续扩张，华为规范化管理变革的价值越发明显。当华为开始与世界顶级的电信运营商用统一的语言进行快速有效沟通的时候，很多华为人包括中高层管理人员才真正感受到当年"削足适履"、三化管理的高度价值。甚至有部分人认为，在当年华为思科侵权案中，华为之所以最终成功地与思科达成和解，完全是受益于华为从 1998 年便开始引入国际咨询服务，在组织、管理、流程、人力资源、质量控制等诸多方面实现了与国际接轨。比如，华为引入 IBM 的 IPD 系统后，在其产品研发的各个阶段都严格按照"未违反知识产权保护"以及"能够通过申请专利、保护企业利益"来做出要求。这种规范化的流程管理模式，使华为技术研发的源头与过程都确保了"干净"、无漏洞。

"削足适履"、三化管理，虽然看似违背了客观规律，但实际上却让华为以脚踏实地的态度探索出一套最适用于自身的管理模式。

二、以法治代替人治，以规则实现规范化管理

是人治还是法治？很多企业在创业与守业的过程中都涉及这道选择题。与大多数民营企业一样，华为在创业初期呈现出鲜明的人治特征——企业出台的各类决策几乎都呈现出任正非的个人意志。这种企业管理模式导致企业要承担巨大的经营风险，而经营者也不得不承担着巨大的决断压力。在发生了几次决策失误之后，任正非越来越深刻地认识到人治管理的弊端，进而开始探索"法治"模式，借助制度和规则之力，为企业打造良性的管理状态。

1. 以"法"治取代人治，避免管理随意化

从企业发展规律来看，企业在创立之初，往往制度体系尚不健全。彼时

采取人治模式,往往更利于企业快速反应。但是,随着企业的逐渐发展壮大,仍然采取人治模式,就容易导致企业管理的随意化、主观化、不公平性等诸多问题。此时,以法治模式,规范企业管理,就显得非常重要且必要了。

1996年,华为拟定《华为基本法》之时,恰逢华为从创业阶段向发展阶段过渡的时期。《华为基本法》囊括了华为对未来发展的诸多思考,为华为明确了企业发展未来的方向。但是,它所提供的仍然是一种政策性的、方向性的指导。所以,华为随后继续向法治化目标推进——不仅从国外引入了一系列成功的企业管理体系,还出台了各种被人们戏谑地形容为"怪异"的基层管理制度。

此外,华为公司陆续设立了内部投诉渠道、调查机制等。比如,华为会与供应商签订《诚信廉洁合作协议》,明确相关规则,使供应商可以根据相应途径去举报员工的不当行为,以协助华为对内部员工的诚信廉洁情况予以监察。华为的内部审计部门还会对华为公司的整体控制状况(特别是对违反商业行为准则的经济责任行为)进行全面调查和客观评价,然后将审计结果汇报至企业管理高层和审计委员会。此外,华为建立了对各级流程责任人和区域管理者进行内控考核与问责的制度,由审计委员会和首席财务官定期审查公司内控状况,听取内控问题改进计划与执行进展的汇报,并要求内控效果不理想者汇报原因及改进计划,以此助推企业实现"法治"模式。

在独具特色的企业价值观的指导下,在科学系统的制度监督与管控下,华为极大程度避免了管理的个人意志化、随意化，大大加快了走向"法治"的步伐，稳步向"国际一流厂商"迈进。

2. 实现制度化，离不开制度管理的刚柔并济

任正非曾言："确立层层动力和制约体系，公司的发展才能有序有规则。实现了这种有序的动力与制约机制，我们才能尽可能地避免犯错，科学发展。"他将华为人形容为"从青纱帐里出来的土八路"，要想让华为人调整早前使用的"土办法"，实现规范化管理，提升企业战斗力，就必须让企业上下能够严格遵行制度要求。而要做到这一点，首先要从制度本身切入，确保制度管理的刚柔并济。

（1）满足企业根本需求，科学设计制度。企业制度的设计必须从企业根本性需求出发，发挥维护根本性需求的功能。比如，对于产品质量、安全、相关方关系等企业生存性问题，华为都会予以明确的细节规定，使之形成对个体行为的强规范作用。

（2）平衡多方利益，监督制度落实情况。制度应是公正的体现。形式和内容都应体现出公正特质，能够平衡个体之间的利益。在这样的认知模式下，每一位华为成员既是制度下的被约束者，也是制度的监督者。

（3）制度出台，确保公正和规范、人人平等。华为在制度化过程中，坚持以无歧视为基本原则，并在此原则下形成普遍认同的心理，避免强权管理。为此，在制定制度时，华为会要求高层领导积极参与，定期督导和检查，同时采取强大的支持力度，确保制度在不同层面上得到有效落实。

3. 强化规则意识，确保全员对制度的认同

在汉语中，"制"有限制之意，"度"有尺度之意，将二者合起来，可以简单地理解为"制度是限制人们行为的标尺"。军人出身的任正非对"制度"二字的理解是非常深刻的，他无数次公开强调员工规则意识的重要性，并在华为人才培训过程中着力强化员工的规则意识。

华为的每一位新员工在进入公司之初，都需参加为期半个月的军训，在此期间全面学习华为的企业文化，培养规则意识。比如，在华为新员工培训纪律中有这样一条规定：皮鞋、西裤、衬衫、领带，一个都不能少！针对这一条规定，每一位员工都必须接受严格的检查，不合格者必须立即改正；拒绝改正者，可能就此被开除。再如华为的"编程规范"培训（如"一二一软件训练营""一二一硬件训练营"），这更是所有研发员工培训中特别重视的内容。在研发人员培训过程中，华为将公司研发所涉及的专业语言、表述、简称模式等予以统一，包括文档的格式。通过这些培训，便于员工在正式启动项目工作时使用统一的语言模式，最大限度地减少沟通障碍或理解误差。

通过这一系列的人员培训行动，华为希望将军队文化渗透到员工的骨髓里，通过意识内化来约束企业上下人员的行为，减少对立或降低对立的尖锐程度。这种对企业规则规范的尊重，使得华为人像军人一样令行禁止，且能优质高效地完成每一项任务。这也是华为在国际市场上爆发出强大竞争力的重要原因。

特别值得强调的是，真正让制度发挥效力的并不是领先技术或高明手段，而在于人的意识。因此，强化企业上下的规则意识，确保全员对制度本身的认可，这是企业规范化管理过程中不容小觑的一个方面。

三、打造领导力素质模型，以身作则，廉洁自律

在每一个企业中，人们总是期望领导者能够明晰自己的权力与责任，发挥杰出的楷模作用。在华为，领导者们的行为魅力便是从领导力、责任担当、默认领导模式等诸多方面表现出来的。

不过，华为开始发展壮大时，那些技术研发骨干并不善于领导。这是让任正非最为苦恼的一件事。

当时，华为的规模快速扩张，故从内部提拔了一部分技术骨干担任"导师""领头人"角色。但是，这批被提拔上来的领导者往往继续从事过去的技术研发工作，甚至在新员工表现出效率欠缺或能力不足时而将工作包揽于自身。结果，这些技术骨干被新项目累得心力交瘁，而新员工又苦于未得到有效的锻炼，甚至有一部分投机取巧的人员以各种理由来推诿责任。一时间，企业内部的不公平气氛日益严重。

之所以出现这种情况，恰恰是由于华为未能明确领导角色要求所致。所以，华为发现这个问题后，迅速着手大改善，以期望提高华为领导干部的领导力素质。

1. 建立领导力素质模型，明确领导力要求

为了让人们明确角色认知，提升领导干部队伍的持续战斗力，华为特别开发了一套领导力素质模型，并组织开设了系统的领导力培训课程。1997 年，华为邀请 HAY 担任人力资源开发顾问；2005 年，华为再次邀请 HAY 为其进行领导力培养、开发，以及领导力素质模型的建立。

华为战略领导力素质模型包括三大方面：发展客户能力；发展组织能力；发展个人能力。其内容说明如表 4-1 所示。

表 4-1 华为战略领导力素质模型说明

素质能力	能力细化	行为要求说明
发展客户能力	关注客户	关注客户，致力于了解客户需求，并主动采取有效方法来满足客户需求
	建立伙伴关系	愿意并能够发掘华为与合作伙伴的共同点、与之建立互利共赢的伙伴关系，从而更好地为华为客户服务
发展组织能力	团队领导力	通过激励和授权等方式，来促使团队成员关注重点事务、鼓舞团队成员积极解决问题以及运用团队智慧领导团队
	塑造组织能力	通过辨别机会，不断提升其组织能力、流程和结构效能
	跨部门合作	为了实现整体利益而与其他团队开展主动性合作以及全面提供支持性帮助
发展个人能力	理解他人	准确地了解他人的各类想法、心态或情绪
	组织承诺	为了推动企业发展而承担各种职责和挑战
	战略思维	用创造性或前瞻性的思维方式来制订解决方案
	成就导向	关注团队最终目标和带来可能收益的行动

对于每种能力下覆盖的具体能力要求，还对应着几个层级描述，以便员工界定自己的能力水平。

领导力素质模型初步建设完成后，华为开始对干部领导力进行有计划的培养和提升。《创富志》主编张信东对华为领导力培养水平给予了高度评价："即便任正非退休了，华为凭借现有的人才储备和领导人培养机制，依然可以

在较长时间内屹立不倒。"

华为于 2011 年开始正式采用的 CEO 轮值管理制度，被视为华为干部培养的卓越实践。在这项管理制度下，华为目前没有培养固定的接班人，八位轮值 CEO 基本上是处于权力对等态势，没有一个人具有最终的决定权。这八个人彼此竞争，对华为当前和未来的影响是不言而喻的。可以说，华为领导力培养和发展系统是推进规范化管理与可持续发展的当之无愧的非常规武器。

2. 以身示范，强化领导者的榜样力量

在企业中，领导者犹如一只"领头雁"，其他成员会始终观望"领头雁"的动向，在其引领下飞向目的地。华为的每一位领导者亦深知：领导者必须率先垂范、以身作则，如此才能确保企业的每项管理制度都能够得以切实有力的贯彻。

任正非建议，管理者要敢于并时刻从自己做起，让员工心服口服地向其看齐，以此严格遵守制度规则的要求。

华为内部一直流传着一个故事：多年前，华为还处在起步期，任正非偶然听闻两位业务员在为一个毫无进展的单子而苦恼，原因是对方的项目负责人经常外出，华为方的业务员难以与其碰面，导致每次拜访都无功而返。了解到这一情况后，任正非思索了片刻说道："能把对方资料给我看看吗？有机会我去上门试试。"业务员以为任正非只是随口说说，但还是将所掌握的资料全部整理清楚后交给了任正非。三天之后，任正非通知这位业务员去与对方签约。

直至签约时，华为业务员才了解到事情的真相。原来，任正非竟然连续

三天，每天下午去那位课长的办公室等候，有一天一直等到晚上9点钟，直至对方公司的加班员工下班后方才离去。对方公司的负责人得知此事后极为感动，当即决定与华为签约。业务员不由得感慨："如果我也有任总的这种毅力，这笔生意怎么可能谈不下来呢？"

面对员工遇到的难题，任正非能够亲自出马，并为员工树立榜样，这种亲身示范力为华为聚集了一大批优秀人才，使之齐心协力一同打天下。正如华为的一位项目主管在《华为人报》上所说的："无论是开发过程的小问题定位，还是每周一次的体育活动，我都尽量不缺席，点点滴滴中建立起兄弟般并肩战斗的情谊。"

事实上，一家成功企业中，其领导者无不具有这种以身作则的行为特质。也恰恰是因他们具备这样的特质，才使得他们在员工心里形成强大的榜样力量，使得员工愿意紧随其后、积极奋斗，而这才是真正有价值的领导行为体现。

3. 以EMT宣言，强化干部自律意识

华为非常重视领导干部的清正廉洁之风，要求领导干部不损公肥私、严格自律。2005年，华为召开了EMT民主生活会。在会议上，《EMT自律宣言》顺利通过，EMT成员达成一致认识：EMT成员作为公司的领导核心，在正人之前必须先行正己，严格控制来自公司内部的最大风险。2007年，华为首次举行《EMT自律宣言》宣誓大会，其后每年按照制度化要求举行宣誓仪式。

华为董事会自律宣言内容

华为承载着历史赋予的伟大使命和全体员工的共同理想。多年来我们共同奉献了最宝贵的青春年华，付出了常人难以承受的常年艰辛，才开创了公司今天的局面。要保持公司持久的蓬勃生机，还要长期艰苦奋斗下去。

我们热爱华为正如热爱自己的生命。为了华为的可持续发展，为了公司的长治久安，我们要警示历史上种种内朽自毁的悲剧，绝不重蹈覆辙。在此，我们郑重宣誓承诺：

（1）正人先正己、以身作则、严于律己，做全体员工的楷模。高级干部的合法收入只能来自华为公司的分红及薪酬，不得以下述方式获得其他任何收入：绝对不利用公司赋予我们的职权去影响和干扰公司各项业务，从中谋取私利，包括但不限于各种采购、销售、合作、外包等；不以任何形式损害公司利益；不在外开设公司、参股、兼职，亲属开设和参股的公司不与华为进行任何形式的关联交易；不贪污，不受贿。高级干部可以帮助自己愿意帮助的人，但只能用自己口袋中的钱，不能用手中的权，公私要分明。

（2）高级干部要正直无私，用人要五湖四海，不拉帮结派。不在自己管辖范围内形成不良作风。

（3）不窃取、不泄露公司商业机密，不侵犯其他公司的商业机密。

（4）绝不接触中国的任何国家机密，以及任何其他国家的任何国家机密。

（5）不私费公报。

（6）高级干部要有自我约束能力，通过自查、自纠、自我批判，每日三省吾身，以此建立干部队伍的自洁机制。

我们是公司的领导核心,是牵引公司前进的发动机。我们要众志成城,万众一心,把所有的力量都聚焦在公司的业务发展上。我们必须廉洁正气、奋发图强、励精图治,带领公司冲过未来征程上的暗礁险滩。我们绝不允许"上梁不正下梁歪",绝不允许"堡垒从内部攻破"。我们将坚决履行以上承诺,并接受公司监事会和全体员工的监督。

2016年1月,在华为董事会自律宣誓大会上任正非意味深长地指出:"公司最大的风险来自内部,必须保持干部队伍的廉洁自律。要努力营造一种氛围,有利于大家团结合作。"并要求干部:"在任期间,绝不贪腐,绝不允许亲属与公司发生任何形式的关联交易,绝不在公司的重大决策中,掺杂自私的动机。"

华为的领导干部通过《EMT自律宣言》的宣誓仪式,将自己的责任和义务公之于众,打造出一种高度透明的民主监督环境,由此促使自己严格遵循公开表态内容,确保言行一致。如今,《EMT自律宣言》所涉及内容已成为华为领导层严格践行的责任要求,由此华为成功打造出了一支清廉自律的领导干部队伍。

四、养成高度职业化意识,脚踏实地,有责任担当

在华为这个高度规范化管理的企业中,除了领导层表现出较高的素质与作风之外,基层员工也体现出职业化的意识与行为,严格、认真、细致地落实各项工作要求,以优质的个体行为成就企业的持续发展,敢于承担责任,积极

主动地为企业提升市场战斗力。

1. **严谨细致，以职业化态度认真工作**

在工作中，很多人会为了迅速完成某件事而忽略掉一些细节，导致人们不得不返工。如此一来，不仅降低了整体工作效率，还造成了不必要的资源浪费。而归根结底，都是工作未能一次做到位所导致的。

早年，华为曾出现过这样一件事：1999年春节前，华为样板局出现基站问题，陆续接到东北用户的投诉。除夕之夜，临时组织的"救火队"前往寒冷的东北地区解决基站问题。"救火队"抵达后发现了一个极大的难题：基站位于30多米高的铁塔上，要想系统分析基站故障必须爬上铁塔！要知道，在零下三四十摄氏度的季节爬上铁塔是非常危险的事。但是，为了找到故障发生的原因，"救火队"只得爬上铁塔探查原因，还连续数天在户外进行试验。

一个星期后，他们给出结论：因当地温度太低，导致基站无法正常运作。开发人员当时的第一反应是"不可能"，因为基站曾顺利通过了零下40摄氏度的低温环境测试，这是有实验数据的。随后，"救火队"一行返回深圳，立即召开会议，与之前的实验报告对比分析，最终发现了问题所在。

原来，当时东北用户要货紧急，开发人员便与测试人员联合实验，而搭建测试环境的环境实验箱和交换机分别位于两处。众人头脑风暴后，选用了一种"取巧"的办法：直接使用一种测试软件来进行基站测试，而不必和交换机相连。这使得基站存在的隐患未能在早期被发现。

在现实工作中，很多不必要的工作增量往往是因职业化意识欠缺、工作不到位所导致的，就像上述案例中华为开发人员采用的取巧之法。而这所带来的结果是后续付出更大的代价去弥补——"救火队"成员花费更多时间在酷寒之地彻查问题，华为也为此额外投入了更多的资源去处理问题。

后来，任正非在华为研究实验系统的一次大会上特别强调："做工作是一种热爱，是一种献身的驱动，是一种机遇和挑战。认真地做好每一件事，不管是大事还是小事。"

为了培养华为人严谨细致的工作作风，华为经常组织员工去德、美、日的一些优秀企业进行参观考察。一位华为员工曾到位于美国波士顿的、专门生产电源的CP公司参观，回国后他这样感慨道："美国人踏踏实实的认真精神、精益求精的工作作风、毫无保守的学术风气，是值得我们学习的。他们踏踏实实、不屈不挠的奋斗精神是值得我们学习的。"

在一次次的培训与实践中，华为人也在不断学习和总结，向日本、美国和德国等国家的优秀企业员工看齐，既不投机取巧，也不急功近利，而是以严谨细致的态度、第一次就把事情做对做好，以职业化的态度赢得广大客户的信任和尊重，实现"做一个世界级设备供应商"的发展目标。

2. 脚踏实地，以规范化行动做好本职工作

华为曾经有一位入职不久的新员工，认为华为管理上存在很多问题。他制作了一份多达数十页的战略计划书，并把这份"万言书"交给任正非。任正非看后，将"万言书"丢进了垃圾桶，严厉训斥道："不要老是想做出惊天动

地的变革,而是要从小事做起,老老实实地把任务完成。"

任正非要求华为的员工切勿眼高手低,而要脚踏实地地把自己的工作做好。特别是没有任何工作经验的新员工,稳扎稳打地做好自己的本职工作,这比纸上谈兵要重要得多。

华为员工李强接到了一个新立项的网络产品项目——编写服务器安装手册。由于项目周期相对较紧,李强按照自己的设想编写了部分安装环节的操作事项。经过一个月的"努力",李强交出了自己的"大作"。就在他得意扬扬之时,用户传来消息:在参考安装文档进行服务器安装过程中,遇到了各种问题。

李强感到好像有一桶冷水迎面浇下来,他连忙回想自己编写过程中存在的问题:为了赶进度,他未加系统验证,便想当然地编写了安装文档,待到实际安装时这些问题自然而然被暴露出来。此时,他不得不亲自搭建环境、安装,经过反反复复的多遍验证后,再重新编写安装文档。后来,他花了近一个月时间,终于给出了一套被用户认可的文档。

在推行规范化管理工作中,每个人的工作都应做到稳扎稳打、踏实务实,这样才能呈现更专业的工作结果。任正非告诫华为人:"我们要造就一批业精于勤,行成于思,有真正动手能力、管理能力的干部。机会偏爱踏踏实实的工作者。"

2000年,刘翔(化名)被划到华为无线技术支持部,从事新产品技术支持工作。当时,公司给他安排的任务,都是诸如现场开局、现场割接支持、远程支持问题处理之类的普通任务。虽然任务普通,但是他总是踏踏实实地做好

每一项任务，努力将每一项任务做到最好，客户满意度非常高。一年后，华为为客户实施全网升级项目，刘翔成了全网项目实施与远程支持的负责人。

上述案例呈现的仅仅是华为人的一个小小缩影，在现实中还有成千上万脚踏实地的华为人。这些华为人将踏实工作的理念内化于心，持续提升自己的职业素养。同时，华为人又将职业化意识渗透于日常工作的各个细节，为客户提供着高度职业化的服务。比如华为销售人员，当客户询问一些技术环节，而自己又无法准确解答时，他们会立即向技术人员或专家寻求支持，并向客户额外附赠详细的说明资料。通过这样细致踏实、稳扎稳打的工作作风，华为的产品得到了越来越多客户的认可，华为公司也由此成为客户高度信任的企业。

3. 勇挑责任，提升企业的市场战斗力

华为之所以能够成为一家"从无到有"的企业，它依靠的是一大批勇挑责任的领导干部与基层员工。在过去的很长时间里，虽然华为人头顶着巨大的竞争压力，身处极度恶劣的市场生存条件，步履维艰。然而，以任正非为首的这群华为人却从不轻言"这不是我的问题"，他们中的每个人都勇挑责任，这种勇敢敬业的精神激发了华为的超燃战力，推动着华为在世界领域一步步走向成功。

有一年，华为曾计划收购一家外国公司。为此，华为高层授权一位业务部负责人及其所在团队。一想到这一收购项目的重要影响，这位业务负责人便感到压力巨大：这是一笔高达数百万美元的外汇支付，如果华为不能利用好这

家公司，无法实现盈利，那么这次收购就是失败的。

这时，有人提出建议："不如等公司高层下达指示之后，按照指示操作即可。这样即便以后出了问题，责任也不在我们。"这位负责人当时便拒绝了这一建议，他说："如果我这个业务部负责人都不敢承担责任，那么华为又怎么能对这样一个重大购买方案作出准确决策呢？"后来，他带领团队做了很多准备工作，并成功地完成了此次收购。事实上，这次风险投资最终为华为带来了很高的收益：被收购企业的知识产权和技术骨干，为华为产品设计提供了极大的便利，使华为部分产品的开发时间大大缩短。

可以说，华为的每一位成员都非常清楚：如果每个人都摆出一副事不关己高高挂起的姿态，绞尽脑汁地将责任推诿给其他人，那么企业早晚会丧失自己的战斗力。身在华为，每一位员工都必须敢于承担起自己的责任，为了华为的持续发展而奋力拼搏。

第五章 打造事业共同体，传承奋斗者文化

有人将华为人比喻为"凶猛的狼"，他们永远在无所畏惧地攻城略地。而华为之所以能够长期召集起这些勇敢拼搏、积极奋斗的员工，打赢了一场场硬仗，其中大部分原因在于：华为拥有一套完整的机制建设和文化灌输体系，让所有人凝聚成一个事业共同体，让奋斗者文化得到继承和发展，为企业发展提供源源不断的精神动力。

第五章　打造事业共同体，传承奋斗者文化

一、以事业打动人心，持续建设事业共同体

几乎每一家企业都会探索一个命题：如何让企业全员在没有监督的情况下也能自我约束、持续奋斗、心甘情愿地做出奉献？对此，华为给出的答案是：把企业从创始人的个人事业变成所有人的共同事业，让员工与企业的利益捆绑在一起，与企业生死与共。

1. 让 20% 员工成为事业共同体，最先开始奋斗

企业管理有三重境界：第一重境界是建设利益共同体；第二重境界是建设精神共同体；第三重境界是建设事业共同体。中国经济学泰斗吴敬琏先生曾经说过，建设企业的过程中，用钱来收买人心是最低级的，用企业文化吸引人是比较高级的，用共同的事业来打动人才是最精明的。这句话恰好对应着企业管理的三重境界。

诸如万科、小米、阿里巴巴等中国驰名企业早已通过"打造共同事业"的方式，凝聚着其创始人团队——"万科六君子""小米七龙珠""阿里巴巴十八罗汉"，这些人倾尽全力，推动企业走向繁荣发展。华为与他们之间的不同在于，任正非并没有将"事业共同体"锁定在数位成员身上，而是尽可能将所有对华为有贡献的奋斗者们全部纳入"事业共同体"之中。对此，华为采取的具体实践方法是：先召集 20% 的关键员工，让这部分最关键的员工率

先成为事业共同体，最先开始艰苦奋斗。

事业共同体的建设是以股权制度为基础的。华为坚持不上市、没有股票，因此，华为特别设计了虚拟股权制度。华为最初设定虚拟股权制度时，经过与中国人民大学咨询教授的探讨，形成了五条入选"事业共同体"的人员评估标准，分别是：

（1）能够举荐优秀人才，用比他强的人，有胸怀，能站在公司立场上想问题的人。

（2）在生产领域有重大改进的人。

（3）在研发领域有重大的创造性发明、发现的人。

（4）能开拓战略市场的人。

（5）对组织原则、文化价值观念有重大贡献的人。

在华为，凡是具备以上条件之一的人才，可以被优先授予股权，并纳入华为的事业共同体中。对于这些优秀人才，华为给予的是上不封顶的分红和大笔的奖金。企业效益越好，持股员工所能得到的奖励越多。于是，剩余的80%员工也会让自己尽快加入持股人之列，而所采用的方法便是艰苦奋斗。如此一来，企业的奋斗氛围被充分调动起来。

值得注意的是，华为建设事业共同体的过程是循序渐进的。华为的目的并不是团结一小部分人，不是只让优秀的员工更努力奋斗，而是团结所有人，让所有员工都成为实现华为繁荣的"奋斗者"。

万科地产总经理郁亮在拜访华为之后，对万科的管理者们说道："华为才像真正意义上的事业共同体人。它跟一些电信公司都有合作，员工都是股东，它现在有 8 万人的内部股东，它的虚拟持股，完全可以理解为是合伙概念。我们看合伙不合伙还有一个分别，最重要是看老大有多少股份。有的虽然内部持股，但大老板一人持有股份太多，在这种情况下，即使全员持股，我都认为这个是一个内部公司。但如果大老板股份不太多、很少，这时候全员持股，才叫合伙公司。"

对于郁亮的这一感叹，值得广大企业领导者深思。在这个竞争空前激烈的时代，企业领导者们所要做的，不应是仅仅明确自己的事业所在，还应让每一位企业成员认识到：事业是大家的，并通过制度优化而使这个事业成为真正意义上的"大家的事业"。

2. 以现实回报赢得信任，吸纳更多奋斗者

30 多年来，华为在"以客户为中心"的旗帜的引领下，一直秉承"以奋斗者为本，不让雷锋吃亏"的回报理念，不断地拓展着事业合伙人的范围，不断吸引更多人参与到艰苦奋斗中去。

创业初期，华为的运营资金严重不足。为了保持企业持续发展和员工利益不受侵害，华为开始推行虚拟股权制度。简单地说，这 20% 优秀员工的部分工资被折算成虚拟股权，待年终分红时获取更多回报；而公司在员工工资支出方面的压力大大减轻，可以将更多的资金投入到产品研发与市场开拓中去。

随着华为业务的快速发展，人们获得的回报日益丰厚，那些未被纳入合伙人之列的员工也开始愿意加入其中。而且，有了虚拟股票这一"金手铐"，华为人有了更强劲的奋斗力量。

经过多年发展,华为化解了员工不信任、社会质疑等问题,合伙人事业制明确下来,合伙人的人数也在逐年快速增长。据 2015 年华为年报显示,华为的事业合伙人数量已经达到了 8.2 万人。与之相对的是,华为创始人任正非所持有的虚拟股票数量却并不多,仅为 1.4%。

如此鲜明的对比,让华为员工深刻地认识到:我不是在为任正非打工,而是在为自己打工。用华为副总裁胡厚崑的话来说:"他们都是公司的创收者,同时也都是公司的获益者和管理者,每一个持股人都会自觉承担起让华为更长远地发展的使命,为了自己的事业而持续奋斗,原因很简单,如果有一天华为倒了,他们也将一无所有。"

3. 尊重事业合伙人,扭转招聘概念,寻找事业合伙人

华为在事业共同体建设过程中发现:并非所有人都适合成为合伙人。而且,即使已经是合伙人,但是每个人的贡献是存在差别的。而想要最大限度地调动大多数员工的积极性,避免挫伤最优秀奋斗者的进取心,华为进一步明确了合作人的等级和权利差异,确保责权利的对等。

华为合伙人等级及权利划分

华为将合伙人分成了 5 个级别:一级合伙人(原始股东或经股东大会决议从二级合伙人中提升出来的合伙人,拥有公司股权)、二级合伙人(华为的核心管理人员或技术骨干人才,以及业务骨干)、三级合伙人(部门主管)、四级合伙人、五级合伙人。其中,四级与五级合伙人的基本要求是一致的,即入职超过 6 个月,符合虚拟持股的基本制度要求。而这五级合伙人根据对公司贡

献的大小，所拥有的权利也是不同的，一级合伙人负责华为的管理决策，决定公司合伙人及选拔预备合伙人；二级合伙人享受年终分红，参与提名预备二级合伙人，奖励合伙人股份；三级合伙人只发放奖金，不奖励合伙人股份（实体股份）；四级与五级合伙人与三级类似。

在等级严格、条理清晰的合伙人制度下，华为的每个合伙人都非常明确自己的职业晋升通道；而那些尚未被纳入事业合伙人之列的员工也能通过该制度看到自己的希望，明确自己应该如何努力成为合伙人。

当然，为了让合伙人事业制更加顺利地发展下去，华为甚至在招聘之初便格外重视"事业合伙人"的观念传递。任正非说："合伙人事业是通过卓有成效的奋斗者之间有效合作、相互协调，在和谐的氛围和良好的企业文化下实现。所以华为必须通过加强对人才机制的研究和实践，在人才市场中直接招揽具备合伙人素质的奋斗者。"在任正非的号召下，华为不仅以高工资、高待遇来吸引高素质人才，还格外关注人才对"合伙人"概念是否足够理解。

在近年人才招聘中，华为多次强调"合伙人"概念，而不再是单纯的"招聘员工"。2015年10月11日，华为公司董事、高级副总裁陈黎芳在北京大学校园招聘宣讲会上说道："我今天来这里，是来找合伙人的，我们要一起去实现伟大的目标。华为将聚焦在基础网络设施，华为要做到世界最强，华为要做自己最擅长的事情，而且做到无可替代。只要我们继续坚持华为自己的核心价值观，以客户为中心，以奋斗者为本。我坚信，华为不会是下一个倒下的……在这个过程中，我们希望能够与你一同来实现梦想。"

华为在招聘宣讲时引入合伙人概念,传递出两重意思:一是告诉应聘者"华为需要的是合伙人,是一起艰苦奋斗干事业的人";二是在告诉那些拥有一个挑战之心的应聘者"华为适合你,并且绝对不会亏待你"。

很多企业在招聘人才时,往往以一种较高的姿态俯视人才,这是不恰当的。事实上,当企业招聘人才时,意味着企业需要这类人才。在华为,很多高端人才之所以能够不辞劳苦、艰苦奋斗于一线,并不完全因为他们的高薪资,还因为他们感受到了企业的尊重,他们心甘情愿、义无反顾地与企业共同完成一项伟大的事业。

时至今日,华为的"事业合伙人"制度日益散发出更大的魅力,激励着更多的华为人陆续加入奋斗者的行列,通过企业大平台去实现企业的发展目标和自己的人生理想。而华为一路从中国本土走向世界,涉足俄罗斯、英国、印度,……其成功的足迹也在向人们呈现事业合伙人制度的强大力量。

二、学习军队文化,打造战斗型精兵组织

华为在建立之初便非常重视企业文化的建设。任正非认为,虽然金刚石和炭的化学成分完全相同,但它们却因分子结构的不同而呈现出极大的硬度差异。这就给他一个启示:即便是同一批人,但如果采取了不同的团队建设方式,那么其战斗力也会截然不同。在这方面,做得效果最佳的莫过于军队。因此,向军队学习企业文化管理,向战斗型文化要战斗力,成为华为企业文化建

设的基本原则。

1. 培养员工的奋斗品质，打造一支战斗型铁军

无论是华为创立初期那些与员工并肩战斗的"土匪主任"，还是近年被各大媒体高度称赞的"华为狼"……他们在正式加入华为公司之前，大多是来自国内各大重点大学的高才生，属于"手无缚鸡之力的文秀才"。但是，在经历了华为军旅文化的洗礼之后，他们快速蜕变成为"坚忍不拔的武战士""Hold住前沿阵地的将军"。华为努力培养员工吃苦耐劳、艰苦奋斗的品质，希望每一位员工都是这样的战士、勇士。

在《华为人报》第 207 期上，曾经刊登了一篇名为《我们的岗位在科特迪瓦》的文章，记录了华为在科特迪瓦奋斗的勇士故事：

科特迪瓦是西非疟疾高发地区，疟疾通过蚊虫转播，几乎难以防范。人一旦被传染，便会高烧不退，对身体的伤害非常大。华为驻科特迪瓦代表处超过 2/3 的员工都得过疟疾。有一位名叫陈钊的员工，一年得了四次疟疾，但他始终保持着乐观的工作态度，甚至戏称自己是"疟疾之王"。但是，每一个驻科特迪瓦办事处的华为人都没有被吓倒——疟疾来袭，便坚强面对；病情稍有好转，便再次出现在自己的岗位上。他们的坚韧不拔，让非洲人民享受到优质的网络信号，让越来越多的华为的红旗更加长久地飘扬在非洲大陆上空。

华为企业 BG 副总裁魏承敏曾是华为驻科特迪瓦代表处的一员，在 1996 年时，他还是一位普通的售后工程师。一次，有人问他："你是怎样一步步走到今天这么高的职位的？"魏承敏笑着说："如果你能连续三天三夜在冰天雪

地的乡下,坚持坐没有任何挡风设施的手扶拖拉机,甚至是踩着大雪步行到用户家里,并且连续在客户机房的地板上住一个月,不修好设备誓不离开……那么,你也能做到我今天的位置,甚至更高。"

这些优秀的奋斗者以战斗的姿态,让华为成为公认的"中国企业狼性文化的策源地",艰苦奋斗、团结一致、协同作战、嗅觉敏锐等也被人们视为华为人的品质标签。而华为之所以拥有这么多不惧艰险的开疆勇士,除了因为华为极度重视对"勇士"的培养之外,最重要的原因就是华为军旅文化注入了企业文化建设,并使之在漫长岁月里持续发酵。

2. 熟稔战争知识理论,广泛应用于企业文化建设

若要追根溯源,华为之所以如此热衷于军旅文化,这与其创始人任正非的个人经历有着十分密切的关联。任正非曾经担任过基建工程兵部队的技术兵,在近十年的军旅生涯里,他充分意识到:"军队是这个世界上最为团结、最具战斗力的团体。"

在任正非的思想影响下,华为的企业文化呈现出浓郁的军旅文化风格。比如,任正非在内部讲话中经常用到"统帅""将军""正规军""土八路""炮火"等军事词汇。2016年1月,任正非在市场部大会发言中指出:"当前4K/2K/4G和企业政府对云服务的需求,使网络及数据中心出现了战略机会,这是我们的重大机会窗,我们要敢于在这个战略机会窗开启的时期,聚集力量,密集投资,饱和攻击。扑上去,撕开它,纵深发展,横向扩张。"他这段掷地有声的发言中,大多数用语是来自军队用语。

除了频繁使用这些军事用语之外，任正非还将战争知识理论也应用到了华为管理实践中，特别是在提升团队士气方面几乎发挥到了极致状态。

1997年1月，任正非在来自市场前线汇报会上发表了《不要忘记英雄》的讲话，他强调："历时八年的市场游击队，锻炼了多少的英豪。没有他们含辛茹苦的艰难奋战，没有他们远离家人在祖国各地，没有他们面对花花世界而埋头苦心钻研，就不会有今天的华为……我们这个大发展的时候，多么缺乏一群像他们那样久经考验的干部。经过千锤百炼的干部是第二次创业的希望，我相信会有许多新老干部像部队中的团长、连长一样，担负起华为的重任。"华为员工经常慨叹："每一次聆听和学习任总的发言，都感到热血沸腾。"

当然，华为的军旅文化建设是一个长期培育和发展的过程。华为董事长孙亚芳曾言："靠高待遇可以暂时留住人才，但长远来看，只有形成内聚力强大的企业文化，才能真正留住优秀人才。"在2000年二次创业的过程中，华为格外注重通过文化建设来使全体员工达成共识，让企业高层与基层人员之间相互理解、有效沟通。此外，华为还把那些不认可华为文化的人"请"出队伍，以此强化企业内部凝聚力。

如今，军旅文化早已在华为生根。比如，每一位华为员工的桌子下都放有一张垫子，就如同部队里的行军床，以便午间休息和晚间加班时休息使用。再比如，华为曾在深圳体育馆举行了一场多达6000人参加的大会，会议要求会场保持安静、整洁。在会议举行的4个小时里，整个会场未响起一声手机铃音；散会后，会场地面上也未留下一片垃圾。

3. 借鉴军队模式，优化组织，提升市场反应力

2014年6月，任正非在接受国内媒体采访时说道："我们把价值观分开，没有你们想象中那么好的激励机制能留下人。"所以，在华为向军旅文化要战斗力的过程中，任正非主张：借用现代美军组织运行机制与管理模式，不断优化华为的组织与流程，使华为的组织结构变得更简洁，使之反应更快速、更具综合作战能力。

任正非认为，军队是最具变革精神和战斗力的组织，且高度评价美军是"世界上最有效的组织"。他建议华为的高层管理者："去研究一下美国军队变革，乔良写的一本书叫《超限战》，里面讲到军队的作战单位已经开始从'师'变成'旅'，作战的能力却大大增强，而且美国如今仍在变革，未来的方向是作战单位可能从'旅'直管'营'，去除'团'一级，还要缩小成'排''班'……"如今华为广为人知的"班长的战争"的理念，便是从美军组织文化变革中学来的重要战略思想。

在"班长的战争"理念中，企业在授权之后，将强力组建战略机动部队，作战单位被缩小，但是这并非是让分工更细致，而是通过先进武器的配备和更强火力的支持，来提升小规模团队的作战能力。华为人非常明确：未来的组织，必然是结构更轻、灵活性更强、综合作战能力更强的组织，这也是华为未来组织改革的基本目标。

除了"班长战争"的理念以外，华为的蓝军组织也是来源于军队组织模式。在军事模拟对抗演习中，由蓝军代表假想敌部队，通过设想和模拟对手

的作战特征，与红军（代表正面部队）进行全力对抗。华为借鉴蓝军组织模式，为华为设计了很多创新型的经营思路，助力华为预先避免了无数组织运营风险。

可以说，华为之所以能够发展成为一支具有强悍战斗力的优秀队伍，这与他们将军队文化深度融入企业文化、融入每个人的思想，并外化为企业组织结构这种实践行为密切相关。

三、团结协作，胜则举杯相庆，败则拼死相救

当人们的精神意志和价值理念被强化到一定程度之后，会出现一种较为理想的团队状态，即形成一支意志力高度凝聚的作战团体。华为诞生至今只有30多年的时间，用这么短的时间成长至世界一流的位置——如此迅速的扩张状态被很多西方企业视为"野蛮生长"，甚至一提到华为，人们便会自然而然地联想到"野性""疯狂""集体作战"等词汇。而这些词汇常常会被用来形容一种集体活动型动物，那就是狼。

在动物世界中，狼是一种很特别的存在：狼的体形近似牧羊犬，但却能捕获比自己大数倍的驯鹿。若论健壮、迅捷，狼逊于虎、豹，但虎、豹与狼群狭路相逢时却往往不得不让出自己辛苦打来的猎物，这都是源于狼群有着严格的等级与职责设计。狼群中，设有头狼、侦察兵、主力军等角色担当，且狼群有着严格的组织纪律性。一旦狼群与其他动物发生冲突，那么狼群所指，纵然

是虎、豹也难全身而退。

而任正非希望打造的华为团队，便是一个如狼群一般能够高度团结协作的作战团体。

1. 不搞个人英雄主义，主张团队作战

在华为刚创立之时，任正非在一次与美国某咨询公司高管进行洽谈时介绍过华为的狼文化。在谈及"华为要怎样应对来自跨国公司的压力甚至打败跨国公司"时，任正非做出了一个比喻："跨国公司是大象，华为是老鼠。华为打不过大象，但是要有狼的精神，要有敏锐的嗅觉、强烈的竞争意识、团队合作和牺牲精神。"

任正非很欣赏狼性文化，他希望华为在面对如庞然大物般的竞争对手时，也能够发挥出狼的优秀品质，以团队的强大力量来捕获目标。基于此，任正非提出"企业就是要发展一批狼"的号召，而华为也扎扎实实地发展起一支团结协作的队伍。

1996年，当时的信息产业部、邮电部在北京召开全国交换机订货会。这次会议集结了各省市电信系统的相关领导与行业负责人，可以说这次会议关系着次年装机计划的市场份额。为了推广华为自主研发的C&C08万门数字局用交换机，华为在几天时间内，从各个办事处和总部抽调了近400人的精英队伍。这支由各地办事处主任、项目经理和高层主管等组成的高素质队伍，他们每天的任务就是全天候跟进参会者，确保能够与各省市签订次年合同。据统计，参加会议的系统领导不过40人，但是华为参加此次会议的实际人员却高出其数量的近10倍。华为的狼群战术获得了很好的效果，华为由此成功地击败了包括上海贝尔、青岛朗讯等在内的竞争对手，硬是从"老虎"的嘴巴里抢到了一大叠订单。

华为这一成功实践，让很多竞争对手震惊又敬佩，由此也开始效仿华为，组建庞大的人员队伍。但是，由于部分企业的人员缺少协作意识，更缺少有力的后台支持力量——包括技术方案设计、外围关系拓展等后备资源，所以当与华为再次狭路相逢之时，仍然被"打得"溃不成军。

美国零售业巨头西尔斯公司的管理者罗伯特·伍德说："无论多么强大的士兵都难以战胜敌人的围剿，但是如果他们联合起来就会战无不胜，瓦解掉阻挡在面前的一切障碍。"事实证明，当一个行业处于极为激烈的竞争环境中时，往往是那些懂得团队合作的企业或组织更容易斩获成功硕果。若是缺少团队协作精神，那么纵然聚集了再多的人也是无济于事的。而华为的"狼文化"反映出：严密高效的协调合作之于企业发挥着极为重要的作用。

2. 互相帮助，荣辱与共，一起化解危机

任正非不倡导个人英雄主义，主张团队作战模式，尤其是提倡"胜则举杯相庆，败则拼死相救"的团队精神。他曾在《致新员工书》中说道："华为的企业文化是建立在国家优良传统文化基础上的企业文化，这个企业文化黏合全体员工团结合作，走群体奋斗的道路。有了这个平台，你的聪明才智方能很好地发挥，并可能有所成就。没有责任心，不善于合作，不能群体奋斗的人，等于丧失了在华为进步的机会。"

2006年,华为在吉林的维护组刚刚从开发部调配3名新员工,便接到了来自某地的网络故障报告——客户希望华为立即安排人员前往处理问题。新员工陈路(化名)负责支路的业务工作,于是,项目组长决定安排他去现场处理。但是,由于陈路没有任何现场维护的实践经验,所以当他听说要到客户机房进行现场定位时便显出明显的信心不足。组长见状并未苛责于他,而是立即召集所有项目组成员,群策群力地梳理问题。其他组员也并未因这件事情与自己的工作任务无关而拒绝或冷漠。相反,每个人都积极活跃地贡献自己的智慧。最后,项目组成员一起形成了一套详细的问题清单。为了让陈路更有信心,项目组临时决定:在会议现场简单地演练一次。待会议结束时,陈路已经胸有成竹了。后来,陈路不到两天便高质量地完成了此次工作任务。

对华为人来说,一个人的成功并不是真正意义上的成功,唯有实现整个团队目标,才是真正的成功。"个人英雄主义"只能让人距离目标越来越远,唯有保持团队合作状态,才能实现个体与企业的共同成长。

2005年初,冯强(化名)刚被晋升为某代表处的主任,恰逢某地客户宕机事故。由于该事故发生于白天时段,对用户的影响非常大,客户的投诉电话不断,甚至个别客户情绪激动地冲进了营业厅。冯强突然遇到如此严重的情况,感到非常紧张。他连忙向公司各级领导汇报,并立即组织突发事件应急小组,以求尽快解决问题。

得知具体情况后,中国区领导立即赶往现场,对代表处工作人员进行紧急支援和工作指导。当他们抵达办事处时已是半夜时分,但他们未做休整便立即前往一线,与区域客户经理一同应对客户的不满。随后,所有人一起完成原因分析,并马不停蹄地去机场,等待向客户汇报。而在事故现场,突发事件应急小组组员们也在一刻不停地全力抢修。最后,客户的不满被彻底化解,他们深深感受到:"只要我们有需要,华为人就一定在。"

这次事故中,包括中国区领导、区域客户经理和代表处工作人员等一干人员,都在积极主动地分担责任。从华为人的团队互助的一举一动中可以清楚地看到一点:华为人是一个同甘共苦的集体。事实上,在过去的30多年里,无论遇到大小事件,华为上至高层领导、下到一线员工,都能主动地承担起自己的责任,绝不会互相推脱或逃避。他们通过默契合作、同甘共苦,齐心协力地化解了一次次难题和危机。

可以说,团结合作、互相帮助、荣辱与共、自强不息的企业文化精神是华为公司在激烈的市场竞争中得以存活和持续发展的根本所在,也是华为人为实现个体成长所必须予以高度重视的依托。

3. 取长补短,发挥优势,创造出协同效应

在团队合作过程中,有一个非常重要的方面:取长补短,让所有人都能发挥出自己的优势,这样才能让团队形成最大的能量场。这正如任正非所言:"只要将公司内部的人黏合在一起,就能够创造出协同效应。"

华为员工李潇(化名)刚刚担任QCC圈长,便遇到了一个麻烦。当时,他们的问题分类不明确,缺少定量数据,数据收集的工作量非常大。最初几天里,李潇独自奋战,却毫无头绪。他向辅导员表达了自己的懊恼与愧疚:"如

果做不好前期数据分析工作，我就要放弃做圈长了！我不能让大家的努力建立在一个不够牢靠的基础上。"

辅导员看着情绪有点激动的李潇，笑着说："不要因为个人技能不足，就觉得愧对圈员，你可以和大家一起学习、共同努力啊！"李潇恍然大悟："为什么不向圈员寻求帮助、群策群力呢？"

李潇将所有圈员召集起来，征求每个人的意见，圈员也非常配合。随后，那些熟悉数据收集的圈员主动承担起数据收集的任务，那些擅长数据分析的人则承担起数据分析的任务。同时，李潇还向QCC交流园地发出求助，并得到了众多圈友的支持。没过多久，李潇的各方面工作便明朗起来，QCC工作走上了正轨。

"役其所长，则事无废功"的意思是，只要一个人能够发挥其长处，那么做事就可以成功。同理，如果团队中每个人都能够借助别人的优势来弥补自身的不足，那么就没有解决不了的问题或完成不了的任务。而且，在集思广益的过程中，团队的成员参与热情会大大提升，也会由此形成一种积极向上的团队奋斗氛围。

四、强化危机感，不忘初心，坚持艰苦奋斗精神

很多企业在创业阶段能够坚持艰苦奋斗的精神，但在发展到一定阶段后却往往因自满、懈怠而最终走向败亡之路。这是华为一直极力避免的状态与

趋势。

任正非曾经说过:"什么时候的狼是最可怕的?饿狼。当它身处在生存危机的压迫之下时,能够迸发出无尽的潜力。"因此,华为要求所有干部必须时刻保持奋斗精神,"高层干部要有使命感,中层干部要有危机感,基层员工要有饥饿感"。正所谓:"居安思危,思则有备,有备而无患。"也就是说,人们只有始终抱持着一种身处危机状态之下的奋斗者精神,才能够在寒冬来临之时不陷于被动,在面对外界诸多诱惑之时不动摇心志。

1. 时刻保持警惕,预先为企业备好棉衣

2001年,华为以近220亿元的销售额,摘得国内同行业榜的桂冠,并在国际电信市场占领了一席之地。然而,就在每一位华为人为这一奋斗成果大感自豪与欣喜之时,任正非却以一篇《华为的冬天》的危机感言引起了业界普遍重视。他在文中写道:

"十年来我天天思考的都是失败,对成功视而不见,也没有什么荣誉感、自豪感,而是危机感。也许是这样才存活了十年。我们大家要一起来想,怎样才能活下去,也许这样才能存活得久一些。失败这一天是一定会到来的,大家要准备迎接,这是我从不动摇的看法,这是历史规律。

"公司所有员工是否考虑过,如果有一天,公司销售额下滑、利润下滑甚至会破产,那么我们怎么办?我们公司的太平时间太长了,在和平时期升的官太多了,这也许就是我们的灾难。泰坦尼克号也是在一片欢呼声中出的海。而且我相信,这一天一定会到来。面对这样的未来,我们怎样来处理,我们是不

是思考过？我们好多员工盲目自豪、盲目乐观，如果想过的人太少，也许就快来临了。居安思危，不是危言耸听……"

《华为的冬天》一文的出炉，如同一盆冷水泼醒了满怀喜悦的华为人，也触动了业界所有人士的心。大量网站和企业内刊纷纷转载这篇文章，众多企业家和MBA管理学员将其作为精读资料。当时，创维集团董事长评价称"这篇文章道出了所有企业家的感受"，联想杨元庆将这篇文章发给公司内部领导干部并要求他们认真学习。

而华为在这样的危机领导下，在2000年到2004年这五年间，其海外复合增长率达到122%，海外整体销售额高达460亿元，净利润达到50亿元，甚至多于TCL、联想和海尔三家国际化企业的总利润。而当时，因受到国际金融危机的影响，"美国模式"和"日本模式"开始呈现式微之态，而"中国模式"则表现出上升之势。因此，很多中国企业家开始自我吹捧，甚至认为"中国模式"将在未来占据市场优势地位。

然而，任正非却又泼出一桶冷水，再一次警告华为人"冬天来临"。2004年11月，任正非在《华为如何度过冬天》的内部讲话中提出"预见困难，与世界同步"的号召："有人说华为公司从一个小公司发展到今天的规模，是糊里糊涂、懵懵懂懂就走过来了，我接受这种说法。这种说法至少减轻了我们高层领导的压力，不要把我们压得太厉害了，我们也不是先知先觉的，我们也犯过许多错误，包括泡沫化。但事实上，我们解决的措施都刚好和时代的发展同步了，同拍了，所以我们取得成功了，才会发展到今天。《基本法》中为什么提出了'三个顺应'？因为我们不能与规律抗衡，我们不能逆潮流而行，只有与潮流同步，才能极大地减少风险。"任正非认为，全世界的IT行业都在遭受寒冬。如果华为能够预见未来形势的严峻性，相应地调整公司策略，让华为与世界同步，那么华为就能够度过冬天。

2013年，华为成功登顶世界第一通信设备商宝座。在这样的荣耀面前，任正非依然保持敏锐的嗅觉，不忘向华为人发出警示。事实上，任正非反复强调的"保持危机感"之论，在华为日后的发展中被证明是十分正确且必要的。

2013年1月，美国无线技术公司Inter Digital向美国国际贸易委员会（ITC）提出申请，声称华为、诺基亚、三星和中兴通信从事不公平贸易交易，侵犯了该公司的七项专利，意欲将华为等竞争对手彻底逐出美国。

2014年3月，据欧洲权威媒体统计，华为已经成为国际专利流氓十大进攻目标之一，平均每周至少被专利流氓攻击一次。与此同时，英国政府担心高层的讨论遭到窃听，下令拆除所有可疑的视频会议设备，其中便包括大量的华为产品。

2015年，华为的运营商业务连续三年增速变缓。

2019年，华为被美国列入管制"实体名单"并遭受了来自国际市场的围追堵截。

这些问题，无一可以忽视。任正非说："华为总会有冬天，准备好棉衣，比不准备好。"华为应对和解决这些危机的方式，就是时刻保持警惕，时刻做好战斗的准备。时至今日,华为仍然屹立于世界信息通信技术市场之巅,这一事实也验证了一个道理:危机意识是企业最好的棉衣。

2. 抱持使命感与危机感,激发员工工作动力

事实上,几乎所有的成功企业都有一个突出特征:企业领导者具备强烈的忧患意识。惠普公司前董事长兼CEO卢·普拉特说:"过去的辉煌只属于过去,而非将来。"葛洛夫说:"唯有忧患意识,才能永远长存。"因此,英特尔公司一直战战兢兢,不敢有丝毫懈怠。比尔·盖茨反复提及:"微软离破产永远只有18个月。"比尔·盖茨的话也许有些夸张,但是如果缺少危机意识,那么微软可能并不需要18个月就可以走到破产的边缘。

华为提出,"高层干部要有使命感,中层干部要有危机感,基层员工要有饥饿感"。伴随着企业的不断发展壮大,企业效益必然会越来越好,收入会日益增加。此时,部分人员如果因贪图安逸而失去使命感和危机感,那么整个企业队伍便会失去战斗力,而一个失去尖爪和利齿的狼群,所面临的将是死路一条。

而从企业经营管理的角度来说,就需要培养一批具有危机意识的人,让企业在遭遇危机时有人敢于冲在前方。当然,企业强调危机意识,让危机内化,并不是以"让员工保持危机意识"为最终目的,而是要通过危机的落实,让所有企业成员都能始终保持昂扬的斗志,持续奋斗。

任正非反复对华为EMT成员强调:"干部要有使命感,有使命感就会积极创造组织的造血功能,为了实现一个目标,想尽办法去做,就是在为组织造

血，只有不断造出血来，企业才有旺盛的生命力。公司发展到今天，依然处在创业阶段，让高层有使命感，让中层有危机感，让基层有一定的饥饿感，是符合现实需要的。要通过人力资源政策导向，适当地营造这种'使命感、危机感、饥饿感'，并用制度将其转化为全体员工努力工作的动力。"这段话的价值意义便在于让危机意识切实内化，让危机感触动华为人持续向前冲的原动力。

3. 预见繁荣与危机，长期坚持艰苦奋斗

在过去的一段时间里，部分媒体曾对华为危机管理进行抨击，认为这种危机感的传递是人为制造的不必要的恐慌。但实际上，华为并非在简单地传导危机意识，而是在给未来提供一种冷静的"假设"。

对于企业而言，制造危机意识并非是让全员诚惶诚恐，真正的目的在于让人们能够面向未来做出正确的假设——对困难进行极限假设。在这样的前提下，企业如果未处于极限困境那当然是好的，但如果真在某一日遭受极限困境，那么企业因为早有所准备而不会走上绝路。企业可以进一步明确行动方向与实践行为。

恰恰是因为华为人能够预见繁荣，洞悉繁荣背后隐藏的危机，人们才看到了华为人长期艰苦奋斗的身影。

诚然，华为在创立初期必须艰苦奋斗，因为彼时的华为处于零起点上，不得不为。当年，华为人为了顺利完成项目，会数月"足不出户"——每个人都准备一张床垫，卷放在办公桌下面，以备疲劳时短暂休息。

任正非曾用一段深情的文字形容华为人开拓市场时的艰苦奋斗精神："我们不得不在夹缝中生存；当我们走出国门拓展国际市场时，放眼望去，所能看得到的良田沃土，早已被西方公司抢占一空，只有在那些偏远、动乱、自然环境恶劣的地方，他们动作稍慢，投入较小，我们才有一线机会。为了抓住这最后的机会，无数优秀的华为儿女离别故土，远离亲情，奔赴海外。无论是在疾病肆虐的非洲，还是在硝烟未散的伊拉克，或者海啸灾后的印度尼西亚，以及地震后的阿尔及利亚……到处都可以看到华为人奋斗的身影……"

2014年8月，华为跟埃塞俄比亚运营商E签订了北区搬迁和新建项目。在跟客户工期对标过程中，华为提出2016年上半年完工计划，之后华为项目组开始了同时间的赛跑。

从2014年9月项目启动到2015年2月间是项目准备期。华为团队每天熬夜到凌晨，还要担忧客户投诉。活下来，是他们当时最朴素的愿望。

2015年3月到6月，资源准备就绪，进入交付和产出的实施阶段。华为投入130多个项目团队和150多支分包商队伍，最快时单月完成350个站点的交付。截止到6月底，完成了90%的站点交付，客户逢人就夸华为土建交付创造了历史。奇迹背后是华为人的汗水。

2015年9月，埃塞俄比亚雨季到来，项目进入收尾阶段。到11月底，还有15个站点，这些站点的接入道路最短十几公里，最远的48公里，且都是山路。各类设备有上百吨重。最初打算用直升机运送，但山顶上无法停靠，只能靠自己搬运。华为区域经理也都到站点督战。华为施工队伍在站点上风餐露宿。而每次例行跟客户汇报进度时，客户总是说"请今天搞定"。

2016年4月,埃塞俄比亚雨季来得早,每天下着瓢泼大雨。华为开始了客户南区项目的搬迁和交付,这是客户额外奖励给华为的一个大区。一滴滴雨水汇集的河流阻挡了站点运输和验收。面对困难,华为人毫不畏惧,想尽一切办法完成项目最后环节的工作。项目验收不仅要对付恶劣的天气,而且去每个站点都要抬着重约100公斤的柴油发电机。雨季,车辆在很多路段都无法通行,只能徒步测试,每个站点要走约10公里,多的则要走几十公里。

最终,埃塞俄比亚无线项目群全部圆满交付,网络覆盖、容量和质量大幅度提升,为运营商E收入增长创造了坚实的基础。

以上是一位参与埃塞俄比亚项目建设的华为员工的回忆。这位当事人感慨道:"回首过去两年700多个日日夜夜的艰苦奋斗,面对种种艰难险阻,我们从不言弃……我们相信,只有坚持才有希望……"

可以说,华为的成功是无数华为人通过"先生产,后生活"的艰苦奋斗换来的。正如任正非在《天道酬勤》一文中指出:"我们没有国际大公司积累了几十年的市场地位、人脉和品牌,没有什么可以依赖,只有比别人更多一点奋斗,只有在别人喝咖啡和休闲的时间努力工作,只有更虔诚地对待客户,否则我们怎么能拿到订单?"

那么,华为今日的体量已然发展壮大如斯,为什么还倡导企业上下长期坚持艰苦奋斗呢?对于华为来说,在企业所处的不同时期里,艰苦奋斗的表现虽有不同,但内在的奋斗精神却是一脉相承的。今日的华为之所以继续坚持艰苦奋斗的精神,其主要在于打破已然形成的技术与管理等方面的优势,以开放的姿态去迎接时代的挑战。

此外，任正非还指出："华为不战则亡，没有退路，只有艰苦奋斗才能改变自己的命运。""艰苦奋斗必然带来繁荣，繁荣以后不再艰苦奋斗，必然丢失繁荣。"在华为人如今的认知中，比起身体上的艰苦奋斗，思想上的艰苦奋斗更有意义，也更能创造出价值。因此，他们始终坚持以奋斗者为本，长期艰苦奋斗，这种精神仍是华为企业文化的灵魂所在。

第六章

打造人才优势，能上能下，推动人才持续成长

任正非指出："技术是企业的财富，市场资源是企业的财富……而人才是企业的最大财富。"对于企业而言，人才是企业生存与持续发展的动力支持。为了让各类人才切实发挥其作用，华为长期致力于为人才搭建一套利于其持续成长的系统平台，以科学化的培养方法与人性化的激励机制，提升人才的个体能力，形成足以碾压竞争对手的强悍的人才优势。

一、聚集人才，打造强悍的人才优势力量

事实上，早在 20 年前，各大企业便针对优秀人才展开了一场旷日持久的激烈争夺，美国麦肯锡公司将这种情况形容为"人才大战"。这是因为，企业已然认识到人才的稀缺性，而"得人才者得天下"，企业必须拥有足够多的优秀人才，才可能让自己在竞争激烈的市场坚守住一席得来不易的立足之地。

1. 唯人才必争，以人才优势碾压竞争对手

在这场激烈的人才争夺战中，华为在中国民营企业中的表现可谓"个中翘楚"。

1998 年，华为在全国范围内，一次性招聘了 800 余名应届毕业生，这是华为大规模招聘毕业生的首次行动。2001 年，华为高管到全国各重点高校招聘优秀学生，并发出豪言："工科硕士研究生全要，本科的前十名也全要。"在这一轮人才招聘活动中，华为共聘用了 5000 多名新员工，而华为也因这次大规模的人员招聘活动而举国皆知。

除了毕业季的校园招聘之外，华为还与部分国内著名高校建立了定向培训关系——华为为院校提供一定的经济资助和企业文化培训，这些院校为学生进行专业知识和技能的培训，而学生在顺利毕业后直接到华为就业。同时，华为在这些院校设有"三金"——贷学金（帮助经济困难的学生）、奖学金（奖励学业优秀的学生）、奖教金（奖励教学有突出贡献的教师），以作为对定向

培训项目的资助与激励。

华为这一系列举措曾被同行业者批判为"人才垄断"。同行业者称,即便华为公司的发展速度再快,也难以在两年内用完其招聘的近万名毕业生。这种面向重点高校的优秀毕业生的"囤积"策略完全是一种人才浪费。而且,这种策略还会导致华为出现非直接生产成本高的问题。因为,2001年时刚进华为的大学毕业生月薪水平约为5000元,研究生月薪水平约为6000元。仅按照5000位员工来进行估算,华为每个月支出的人才工资便已高达2500万元人民币。在企业盈利状况极佳时,这一数值之于企业的影响可能不过九牛一毛,但是一旦企业发展稍有放慢趋势,那么人才工资的过度支出便可能成为压倒企业的"稻草"。

对于同行业者的这一说法,任正非不以为然又略显骄傲地说道:"社会上,包括一些世界著名公司,说华为的浪费太大,但我们认为,正是浪费造就了华为。当然,我们不能再犯同样的错误,再浪费下去。"

事实上,华为恰恰通过这种先入为主的方式,使很多在校学生对它都有了强烈的归属感,并在潜移默化中对华为的企业文化理念形成了高度认同感。这使得华为日后更为轻松、迅速地培养出了一大批忠实于华为、认同华为价值观的人才队伍。据统计,华为公司的大多数核心管理层、科研骨干人员,都是由华为对口高校定向培养出来的,其数量占到华为总人数的70%。

2. 集中优势兵力,发挥团队作战优势

在遇到竞争对手时,华为往往会运用团队作战策略,打出一场快、准、

狠的战斗。在国内外的各大通信展上，华为也常常是"以多欺少"的代表。

20世纪90年代初期，华为刚刚开拓河南市场。当时，面对主要竞争对手中兴，华为营销部并无突出优势，在人员配置上甚至还略为不足。然而，华为为了更有把握地拿下河南市场，果断祭出了"狼群战术"。于是，当时分布于世界各地的上千名华为销售精英，在接到一纸调令之后，迅速停止手上的工作，在几日内齐聚国内。在进行简单休整之后，这支千人大军直取河南一地。面对这样阵容强大的销售队伍，身在河南市场的中兴销售人员只能发出一声叹息："华为的操作太狠了！1∶100的人员实力对比，胜负结果已然分明。"

通过"集中优势兵力"，使之形成最强大的合力，华为在那一年里成功邀请到了一批数量可观的邮电系统客户，并通过努力获得了大量的订单。针对现场需求，华为总是会快速地进行调整，以确保人员整合后的能力足以匹配具体环境对人员的现实需求。这种"集中优势兵力"所带来的压强效果，给华为创造了很多次难以想象的成功实践。

当然，为了聚集人才、使人才在每一次需要时全面发力，华为在人才管理方面也设计了系统管理机制。比如，在人才选用、任职资格与晋升管理、内部竞争与流动管理等诸多方面，设计了很多人性化的、独具特色的管理规则，"向管理要效益"，全力避免人才的优势能力被浪费，确保人才的个体能力得到彻底激活并有效呈现。

二、择优用才，通过内部竞争激活沉淀层

当华为发出人才召集令之后，为了针对人才选拔特别设计了择优标准，并为之匹配对应的工作任务，以确保企业保持高绩效状态。具体而言，华为对负责招聘、用人、晋升事务的管理者提出了要求：不囿于人才的学历、证书、背景等条件，而要以宽容、开放的态度，让有能力、有责任心的人才获得自我展示的机会和充分施展个体能力的舞台。

1. 唯才是举，量能取才，任人唯贤

唯才是举，量能取才，任人唯贤，这是华为用人的基本原则。

（1）唯才是举：不单以学历和经历来选用人才。华为是一家高科技企业，注定要寻用高素质人才；尽管高学历未必代表高能力，但低学历者大多难以胜任华为的产品研发工作。所以，华为在选拔人才的过程中将人的发展潜力列为第一考虑要素，而高学历在员工走上岗位的那一天起，成为一条不甚重要的备注信息。不迷信名校、学历，这才使得华为成功培养起一大批有实干精神，愿意从小事做起，从基层做起的员工，正是他们成了华为通信大厦建设过程中忠实的"泥瓦匠"。

华为内部认可低学历者，而对于那些高薪低能、蒙混过关加入华为的人来说，高学历也不能成为他们混吃混喝的保证。

（2）量能取才：以能力贡献为破格提拔的标准。任正非曾在2012年7月召开的华为EMT办公例会上指示华为管理层："有过成功经验的连长可以直接

提团长,有过成功经验的团长可以直接提军长,没有必要一定要经过营或师这一级,因为只要他带过一个团了,到一个军只是放大了而已。"在华为,有很多人才因超强的工作能力和贡献而被破格提升。

1997年,华为新员工延俊华给任正非写了一封名为《千里奔华为》的谏言信,一针见血地指出华为存在的问题,并提出高实践性的发展建议。任正非以"一个会思考并热爱华为的人"为由,将其直接提拔为部门副部长。还有华为的传奇人物李一男,当时他年仅23岁,在他刚进入华为的第二个星期,便被晋升为高级工程师,半年后出任中央研究部副总经理一职,一年后升任中央研究部总经理,第二年成为华为最年轻的副总裁。

很多企业常常担心被破格提拔起来的人才或因年轻而难以服众。然而,如果企业不敢提供锻炼发展的机会,他们如何证明自己或成长起来呢?基于这种考量,华为人力资源委员会在提拔决策方面非常果断。

(3)任人唯贤:以贤良品格作为委任的条件。在华为,个人品行是一个重要的评估项。在华为关注的所有品行要求中,责任心是最为重要的一项。

任正非指出:"我们区别干部有两种原则,一是社会责任(狭义),二是个人成就感。社会责任不是指以天下为己任,不是指先天下之忧而忧,后天下之乐而乐这种社会责任;我们说的'社会责任'是在企业内部,优秀的员工对组织目标的强烈责任心和使命感要大于个人成就感。"华为和任正非把社会责任和个人成就都设定为用人的基础。在管理实践中,华为会依据对每个人的行为作出客观公正的考评,让最有责任心的人来担任最重要的职务和任务。

2. 通过大比武的竞争机制，激发人才活力

在华为发展的过程中，曾遇到过一种员工堕化现象：当时华为取得了一些成绩，一些曾经为华为做出贡献的"老员工"，尤其是那些每年能得到大量股权分红的老员工，便开始安逸起来。这样的情绪开始在企业内蔓延，破坏了企业内部的奋斗氛围。

为了充分保障奋斗者的利益，强化艰苦奋斗精神，重新激发那些丧失活力的老员工，任正非号召华为人要有一种"比武意识"，要"消除沉淀层，保持奋斗者姿态"。

与一般企业的员工技能大赛不同的是，华为的内部比武存在正式比赛和日常随机较量两种方式，因而，其内部比武的具体形式灵活多样。

1996年，任正非在华为劳动工资汇报会上的讲话中第一次正式强调了比武的概念，他说："比武也是做实，比武的目的就是要选优，尤其是在华为公司第二次创业的过程中，这点绝不动摇。全公司有很多比武，各项比武都要规范化，逐渐地变化，我相信明年和今年是有区别的，明年和后年可以有很大的进步，年年都有进步，就可以把优秀人才选出来。你不要以为大比武就没有用，眼前看不出成果，两三年以后华为公司绝对是最优秀的，大家知道是这么回事了，就会不断努力，时时感觉到压力，就会不断地去学习。"

为了鼓励员工积极参与内部比武，华为还要求管理部门在内部比武过程中做好引导，使更多人达标。此外，参加大比武的工种范围要尽可能多人参与——不仅限于华为的38个大工种，还有很多小工种也可以参加其中。每个

工种比武结束后，会根据实际成绩予以表彰。例如，有70%的人成绩为优良，就选出这70%的人，并为他们涨工资。而且，参加大比武的成绩会记入员工档案，作为员工考评和晋升的参考依据。

通过这种内部比武的制度，华为员工成长非常快速，且表现出对个体进步的高度热情。华为大比武2015年售后维护铜奖得主正海宇曾感慨道："作为每年一度的个人技能比赛，公司的内部大比武时刻都在督促着我们不断进步，去年我在比武中没有取得成绩，今年我的目标就是一定要得奖，而今年得铜奖了，我明年的目标就是拿个金奖，总之要进步，不管是在市场实战还是在比武中，都不能被战友们比下去。"

随着内部比武制度的实施，华为内部形成了"饿狼逼饱狼"的人员活跃状态，甚至影响着人才的晋升。通常，华为的每一个岗位都会有3~4个达到任职资格的后备人才。如果一个人想待在某个岗位上，那么他必须保持奋斗状态，创造业绩与贡献；否则，马上有人来接替。而且，华为从来不用担心谁离开——可以这么说，即便是离开了任正非，华为也可以继续健康运转。

三、基于人才需求，建立职业发展双通道

在一个企业中，人才的定位与成长是非常重要的。如果人员对当前位置不满、对未来方向不确定，那么他们的动能是无从激活的。因此，华为客观评估人才能力，确保人岗匹配，并在此基础上为其设计一套面向未来的发展路

径,使员工知道自己现在应该做什么和未来应该做什么,由此实现个体与企业的持续成长和共同进步。

1. 契合员工需求,遵行"三优先、三鼓励"原则

对于高科技企业而言,其职能职位的数量是相对有限的,但如果无法满足技术研发人员的晋升需求,会极大地制约其向上奋斗的动力,继而给企业造成较大的负面影响。而且,每一位员工的职业发展需求是不同的:有的员工希望升为管理者,有的员工希望成为技术带头人,而有的员工则只是希望在平凡的岗位上发光发热。所以,企业是否能够结合员工能力建立起一套适合大多数员工的技能进步和职业晋升的发展通道,便显得非常重要。

任正非认为,员工为企业奉献了一切,尤其是华为的奋斗者们,更是如此。所以,华为秉承着不让奋斗者吃亏的原则,在充分保证员工利益分享的同时,着重强调在职业发展层面契合员工的需求与能力,给予每个奋斗者公平晋升的机会。因此,围绕员工的职业发展,华为设计了"三优先、三鼓励"原则。

所谓"三优先",是指优先从优秀团队中选拔干部;优先选拔责任结果好、在一线和海外艰苦地区工作的员工进入干部后备队伍培养;优先选拔责任结果好、有自我批判精神、有领袖风范的干部担任各级一把手。

"三鼓励"是指鼓励机关干部到一线,特别是海外一线和海外艰苦地区工作;鼓励专家型人才进入技术和业务专家职业发展通道;鼓励干部向国际化、职业化转变。

在"三优先、三鼓励"原则的指引下,华为不仅面向全员,打造了一套任职资格体系,划分了任职资格等级。还结合多种激励性措施,建立了一套管理生涯通道与技术生涯通道并重的双职业通道。

2. **打造任职资格体系,建立双职业发展通道**

为了激活干部队伍活力,华为建立了一套用于上下的任职资格等级体系。这套任职资格体系架构基于工作分类,形成职位族;而后立足于薪酬建立薪酬制度,通过KPI体系予以贯穿。

华为的职位族粗分如表6-1所示。

表6-1 华为的职位族粗分

领导族	营销族	专业族	技术族	操作族
五级管理类、四级管理类、三级管理类	销售类、产品类、营销策划类、市场财经类、公共关系类	计划类、IT类、流程管理类、财经类、采购类、人力资源类、项目管理类、产品数据管理类、销售管理类、投标商务类、合同管理类、质量管理类、监控类、订单管理类、行政类、法律类、更高宣传类、编辑类、基建类、医务类	系统类、软件类、硬件类、测试类、机械类、技术支援类、特殊技术类、专项技术类、技术管理类、资料类、制造类、电源技术类	事务类、司机类、保安类、基层管理类、现场工程师类、技术员类、装配类、调测类、物料类、检验类、设备操作类

对于上述每个职位族,又会按照工作内容的复杂程度、所需技能等,进行进一步的分层分类。所谓分层,是指按资格能力的高低,分出不同的高低层次,属纵向划分;所谓分类,是指按承担职务(岗位)的性质,分出不同内容的资格能力,属横向划分。任职资格等级划分模型如图6-1所示,这也是华为人员晋升的双通道模式。

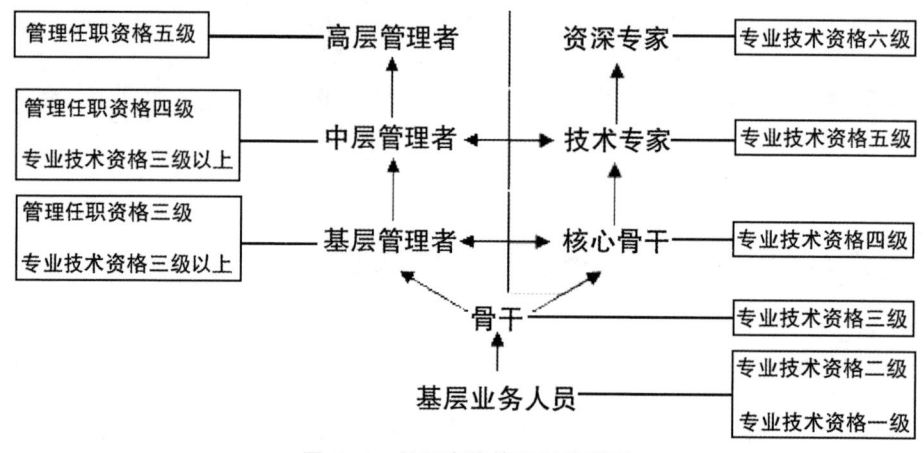

图 6-1　任职资格等级划分模型

从图 6-1 中可以看出，华为的职业晋升双通道有两个突出特点：第一，管理生涯通道的发展路线是：基层业务人员→骨干→基层管理者→中层管理者→高层管理者；第二，技术生涯通道的发展路线是：基层业务人员→骨干→核心骨干→技术专家→资深专家。在这两种职业通道中，基层管理者和核心骨干、中层管理者和技术专家、高层管理者与资深专家的级别基本对应，同级别所享受的薪资待遇也是基本相同的。这意味着无论是技术型员工，还是管理型员工，每个人都有走上高位、取得高薪水的机会。

而且，在这套体系中，有职位等级上下限的确定。由于个人能力大小各异，华为并未设置统一的起点和终点，但是会对各层类的任职资格划分出等级下限和上限，下限是能力起点，上限则是能力目标。如此一来，华为员工便可以根据自己的当前能力水平（起点）、能力目标（努力方向）与差异化需求，为自己的职业发展选择一条顺利抵达的通道，并专注地为之奋斗。

在这样的人才管理机制下，华为的人事任命绝不能采取终身制，且不能按资排辈。任正非指出，华为不能懈怠，领导干部能上能下要成为公司的优

良传统。因为每个人在个体素质水平、自主奋斗程度、个体优化能力等方面都会表现出极大的差异,无法确保所有人始终步调一致。所以,华为特别设计一条能上能下的人员管理通道,保持人才队伍的优秀因子和活跃因子,从而保持和提升企业的人才优势。

四、能上能下,保障人才的内部流动

作为高新技术企业,华为对人才表现出极为迫切的需求。让人才能够自主进步,保持活力状态,这是华为对人才的基本要求。早在1998年,任正非在《华为的红旗到底能打多久》一文中便已明确指出:"我们要求每个员工都要努力工作,在努力工作中得到任职资格的提升。我们认为待遇不仅仅指钱,还包括职务的分配、责任的承担。干部的职务能上能下,因为时代在发展,企业在大发展,而个人的能力是有限的,这是组织的需求,个人要理解大局。"时至今日,能上能下——能者上、平者让、庸者下,这一原则仍然是华为人员管理的一项重要原则。

1. 机会均等、持续流动,不前进者必被免职

为了切实实现人才的能上能下,华为始终依循3个基本原则来进行日常运作与人才管理。

(1)机会均等。机会均等是实施能上能下政策的基础。在企业管理过程

中，如果企业在设定岗位人选时因人而异，那么往往会导致部分领导者岗位长期被一些并不足够优秀的人才所占据，而优秀人才却不能获得充分施展才华的机会。

华为一度存在"部分老领导干部近水楼台先得月"的现象，这使得"公平竞争，不唯学历，注重实际才干"的方针出现了贯彻难题。为了解决这个问题，华为提出"不断清零的人才观"，打破现有任职资格体系，让所有人员主动下岗，而后再重新竞聘上岗。

1996年1月28日，包括分管市场部的华为副总裁孙亚芳在内的26位办事处主任同时向公司递交了两份报告———一份是辞职报告；另一份是1995年的工作述职报告，主要是检讨前一年的工作，提出下一年的工作计划。随后，华为上下开始了一系列竞聘上岗答辩活动，公司方面则根据个人实际表现、发展潜力及企业未来发展需求，再次实施人员选拔。在这一轮竞聘上岗活动中，华为有多达30%的领导干部被调整了下来。

任正非对华为人这样激励道："华为公司人才流动是一种很正常的现象，所有应聘的机会你们都可以去挑战。努力是个人争取机会、创造机会、发展自己的唯一道路，而不是等到人家对你有个什么说法，我想也不会有。华为公司大发展的滚滚洪流，是不以人的意志为转移的。领导干部任用中任人唯亲的现象也不会更多地发生，华为将会为大家提供越来越多的机会，这些机会也靠你们自己去创造，我想是可以创造出来的。"2016年，任正非还公开表示："我们每年要破格提拔4000多个员工，以激活奋斗的力量。让优秀人才在最佳时间、最佳角色中做出贡献。"

可以说，在不断清零、机会均等、竞聘上岗的氛围下，每一个华为人都在努力抓住机会、争取机会、创造机会，为华为优化管理、创造利润。

（2）持续流动。有人认为这种人才流动是不可能的："领导干部往往都是业务精英或管理能人，应该不能下吧！"然而，这种"不可能"的情况在华为却是真实存在的。关于"领导干部下不下"的问题，任正非直接表示："不迁就任何人！""烧不死的鸟是凤凰。"

但是，华为也并不是简单地"降职"或"裁人"了事。在这一时期里，华为还发出了这样的声音："那些被降职的领导干部，要调整好心态，正确地反思。在新的工作岗位上振作起来，不要自怨自艾，也不要牢骚满腹，在什么地方跌倒，就在什么地方爬起来。"

2001年，尹玉昆以网优工程师的身份加入华为。2002—2004年间一直在国内办事处工作，因其业绩表现优秀，故逐步晋升为网规网优经理、服务经理至客户经理。2005年3月，他主动请缨至刚果金拓展市场，并随后晋级为销售副代表。遗憾的是，尹玉昆这位老员工在随后的几年里慢慢懈怠了。2010年，尹玉昆因工作业绩不佳而被干部末位淘汰。看到这个结果时，尹玉昆内心非常煎熬。

没想到，公司在不久后又给了他一次成为奋斗者的机会——委派他奔赴埃塞俄比亚参加新项目运作。在这次项目领导的指挥下，尹玉昆主动承担起项目团队的日常组织、具体项目运作工作、部分核心客户关系维护，同时还不忘分析竞争对手情况，发掘各种可能的市场机会点。2011年8月初，任正非访问埃塞俄比亚，前线人员大受鼓舞，把项目工作推向了全面拓展的新高潮，而尹玉昆也因顺利完成项目任务而再次获得晋升的机会。

显然，华为的"人员流动"措施，并非简单地要求人们接受"降职"或"辞退"，而是让他们深刻体验一次挫折感，并以此促动他们持续提升自己的工作能力，并取得更好的成绩。

（3）不前进者免职。在实施人才流动的过程中，如果确认无法胜任当前工作，又不能主动调整自己的工作状态和提升工作能力的人员，华为会对其予以"免职"处理。任正非在生产系统领导干部就职仪式上的讲话中指出："华为的领导干部没有终身制，从总裁到工段长无一例外。我们的队伍越来越庞大，领导干部水平越来越高，考核也会越来越严格。公司将建立一套合理、公正的人员评价与考核系统，不称职的领导干部将被免职，去从事适合他的工作；怠惰者将会被撤销职务、降低收入，直至辞退。"

任正非认为，领导干部要尽职尽责、高质量地完成自己应负责的事务。如果企业的领导干部无法发挥自己的职能（无法带领团队达成业绩、建设团队、培养人才），企业的基层人员无法切实履行自己的工作职责时，必须坚决予以免职，唯有如此才能确保企业的长远发展。

通过这三大原则，华为也切实做到了人才的"能上能下"，实现了人才队伍的优胜劣汰和持续成长。

2. 以片联组织和轮岗机制，推动内部循环实践

在 2016 年华为战略预备队建设汇报上，任正非说道："华为公司想不死，

就要新生,要增强组织的血液循环,给优秀干部专家赋予新能量,然后走上战场,承前启后、英勇奋斗。"在管理实践中,华为为了推动企业内部人员的循环流动,设计了两种非常特别的实践模式:建立片联组织和落实轮岗制度。

实践模式1:建立片联组织

片联组织主要是通过一个相对独立的机构,来推进人才发现和选拔,以此拉动每个人的持续成长,推动企业人才的内部流动,是华为公司探索出的一项管理创新模式。

2013年7月19日,任正非在华为内部会议上宣布成立片联组织,并对片联组织的职责进行重新定位。根据华为的定义,所谓片联(片区联席会议),是代表公司协调和监督权力以及干部管理的特派员机构。片联组织独立于正常公司运营流程之外、并联于流程运作,其作用是激活流程的流动性。

为了确保片联组织担负起责任,片联组织成立之初便对其组织成员的素质要求做出了明确规定:必须是具有资历、经验、威望的华为资深管理层。任正非希望这些片联组织有足够的资质能力来推动华为干部呈"之"字形成长,为企业选拔出优秀的人才。

实践模式2:实施轮岗制

岗位轮换,简称轮岗制,是华为推动干部在主动流动中提升对应工作能力、发掘工作潜力的一种方式。华为希望通过这种模式,让企业上下都保持高昂的工作热情,同时也确保每个岗位都永远有替补者——企业离了谁都能照常运转。

1996年初,华为正式开始实行轮岗制。在华为的轮岗实践中,除了少数几人之外，高管层几乎全部参与了轮换。比如，主管研发工作的李一男被调配至子公司，主管技术工作的郑宝用被调配到后勤部门。再比如，在2011年，华为正式实行轮值CEO制，由郭平、胡厚崑和徐直军轮流担任CEO，每人任期6个月。现今，华为将轮值CEO制度升级成为轮值董事长制度。

在企业实践中，如麦肯锡、IBM等企业也都曾在公司内部或跨国分公司范围内实施过岗位轮换制度。麦肯锡公司认为，通过大幅度的角色转换，可以促使企业各层人员的工作能力得到迅速提升。而对于企业而言，无论哪一种模式，其运作目的都是拉动内部循环的流动性，刺激人员认识到自己的可提升空间，进而主动实现个体进步。华为也恰恰是基于这种考量，培养出了一支具有超强战斗能力且工作激情四射的人才储备队伍。

第七章 以成果为导向，系统评价实际业绩贡献

企业希望员工表现出什么样的行为，那么它就必须先去强调什么。华为深谙这一点。华为希望员工敢打敢拼、团结一体、长期艰苦奋斗，所以华为长期强调奋斗者精神，公开绩效承诺，强化商品化导向，让员工行为评价与企业盈利及战略贡献成正比，以此促使华为上下以积极主动的态度，努力让个体的行为结果与企业的整体目标趋近一致。

第七章 以成果为导向，系统评价实际业绩贡献

一、以奋斗者为本，预先绩效承诺，强化奋斗行为

自创立伊始，华为便长期坚持着一个目标：将所有员工引导成为职业奋斗者。而华为也确实通过完整的机制建设和文化灌输，让其全体员工扎实努力地奋斗，让企业的奋斗者文化得以良好的继承和发展，为企业发展提供了超强的精神动力。

1. "比有标杆"：让奋斗者成为学习的榜样

任正非曾强调，我们处在一个竞争激烈的市场环境中，且华为并没有特殊的资源与权力，因为华为"不奋斗就会衰落，衰落后连一般的劳动者也保护不了"，所以，华为必须着力培养一大批敢上前线、敢打胜仗的奋斗者，通过"以奋斗者为榜样"，来强化员工的奋斗者行为。

毛泽东说："榜样的力量是无穷的。"彼得·德鲁克则指出，企业管理中想要克服"坏榜样"影响，最简单的方式就是塑造正面榜样。

为了让那些虽有能力但缺少经验的华为人成为合格的奋斗者，华为非常重视奋斗者的事例传播与学习，力求成功树立起一批奋斗者榜样。华为内刊《华为人报》是华为传播奋斗者理念的重要阵地，在该报上，报道最多的内容便是华为人艰苦奋斗的事迹。

在《华为人报》第 219 期中,《没有硝烟的上甘岭》一文详细记录了 2009 年中国 TD 项目中吃苦耐劳、甘于奉献的华为人的团队故事。故事中,负责东盟地区博览会配套通信的徐菲,在没有窗户和空调的地下室里持续奋战一个月,身体过度疲劳而昏迷住院。然而,次日刚刚一醒来,她便立刻要求重返一线。

在《华为人报》第 301 期中,《日喀则震后——拉萨办事处抗震救灾纪实》一文论述了 2015 年 4 月 25 日华为应急响应的故事。当时,中国西藏自治区与尼泊尔接壤的日喀则地区发生 5.9 级地震,通信中断。华为驻拉萨办事处于第一时间启动应急响应机制,工程师张绍辉等人日夜兼程奔赴日喀则灾区,迅速抢通震区通信,并配合运营商实现网络安全保障。在此期间,张绍辉患上了重度感冒,再加上高原反应强烈,经过十日抢救,康复后,整个人瘦了十几斤。

在《华为人报》上,类似的故事数不胜数。这些不怕艰难、不懈奋斗的华为人互为榜样,相互影响,为华为与客户努力贡献着自己的一份力量。

除了通过《华为人报》等刊物宣传奋斗者价值观之外,华为还会对奋斗者予以不同程度的表彰与奖励,鼓励所有人向奋斗者学习,努力让所有成员都成为奋斗者。

2. 区分奋斗者,鞭策全体员工努力向前

在华为,"奋斗"不仅仅是一种积极的行为表现,更是一种以成果为目的的价值导向。为了避免吃"大锅饭",华为要求人力资源部门必须客观评价所

有员工的业绩贡献，并且将全体员工分为：不奋斗者、普通劳动者、一般奋斗者和卓有成效的奋斗者等类型。

据华为人力资源管理条例规定，暂定12级及以下的华为员工为普通劳动者。对于这类员工，华为公司会按照法律规定，合理安排其工作内容，充分保护他们的合法权益。

对于一般奋斗者，华为公司将其定义为"那些不需要加班的人"或"一些不够积极的奋斗者"，即只想安稳待在自己的岗位上，踏踏实实做好本职工作的员工。对于这类员工，华为规定：只要他们输出的贡献大于企业支付给他们的成本，他们就可以依存于公司。

对于做出卓越贡献的奋斗者，华为公司将其视为"企业发展的中坚力量"。对于这部分员工，华为公司会为其提供更多的历练与发展机会，给予相应的帮扶和资源支持，同时在价值分配上也会向这部分奋斗者做出倾斜。任正非提出的"华为的一切资源都要向奋斗者倾斜""决不能让雷锋吃亏""要让拉车的人比坐车的人多"等观点，大多是针对这部分优秀的奋斗者而提出的激励思想与举措。

通过这种方式，华为公司将不奋斗的人与奋斗的人加以区分，然后进行差别化管理。这既体现出华为公司对员工工作成绩的认可，也体现了华为对真正奋斗者的极大尊重；同时，也形成了华为公司全体努力奋斗的文化氛围，鞭策着所有员工齐心协力、积极向前。

华为通过这种激励形式，把所有人都带到了一艘名为"奋斗者"的超级战舰上。在以奋斗者为本的企业氛围的熏陶下，所有华为人都朝着成为"卓有成效的奋斗者"方向，不懈努力，勇往直前。

2011年，日本福岛发生核泄漏事件。当时，在强辐射的恐怖威胁下，其他通信公司的员工早已撤离。只有华为，非但没有实施撤离，反而增派了人手，在一天之内，华为协助软银、E-mobile等客户抢通了300多个基站。更值得赞叹的是，当时自愿申请前往日本协助的华为员工，多到甚至要经过身体与心理素质的双重筛选，综合素质最佳的那批员工才有机会被派到现场。在华为，类似这样振奋人心的事情还有很多，而这些都是华为人艰苦奋斗精神的直接呈现。

3. 公开绩效承诺，激励人们积极创造成果

稻盛和夫曾言，企业的人员管理既是一个导向体系，也是一个控制过程。它的目的绝非简单地衡量人员业绩的优劣程度，而是确保企业战略目标的最终实现。为了防止员工的懈怠行为，确保奋斗者的奋斗成果得到保证，华为实施了明确的干部绩效承诺制度。

任正非指出，"绩效虽然不是检验员工能力的唯一标准，但员工能力必然要在工作绩效中有所体现"。所以，为了强化华为上下的紧迫感，使全员保持长期艰苦奋斗的状态和对自己工作负责的态度，华为必须严格落实绩效承诺制度。特别是身为员工榜样的华为干部群体，更需要让绩效承诺制全面落实到位。

在每年初，华为都会根据企业在上一年实际完成的各项指标（如虚拟利润、人均销售收入、客户满意度、销售订货、销售发货、销售收入、销售净利

润等），制定新一年的工作指标；而领导干部和员工个人再根据公司指标的分配情况，结合对自己所处部门计划完成的指标立下"军令状"。领导干部和员工个人的承诺内容，通常根据目标的高低，分为持平、达标、挑战三个等级。通常，在一个财年结束后，华为会根据每个人的目标完成情况予以评估，并与其军令状内容进行对比。

绩效承诺的实践结果会直接影响华为领导干部的任用情况。如果评估结果和此前立下的"军令状"等级相去甚远，那么该干部就有可能被当即免职。这也是任正非的指示："我们要辞退那些责任结果不好、业务素质也不高的干部；我们也不能选拔那些业务素质非常好，但责任结果不好的人担任管理干部。他们上台，有可能造成一种部门的虚假繁荣，浪费公司的许多机会和资源，也带不出一支有战斗力的团队。"

而对于那些未能完成承诺者，华为将予以严格的惩罚，具体如下：

（1）对一把手予以降职、免职，同时决不能在本部门将副职补充提成正职。

（2）冻结该部门全体成员在下一年度的调薪，不管是否调出去。对于从后进部门调往先进部门工作的人，要适当地降职使用。

（3）对于已经降职的干部，一年之内不准对其提拔使用，更不能跨部门提拔，坚决杜绝裙带之风。

（4）一年以后对卓有成绩者，予以严格考核。

……

今日的华为为什么如此强大？为什么其战斗力如此强悍？因为在绩效承

诺制度的引导下,华为团队的每个人都在努力变成奋斗者,都在为了有效践行自己的承诺而全力以赴。

二、以商品化导向评价,关注盈利和战略贡献

虽有奋斗者政策的指引,但是任正非非常清楚一点:要想将员工的行为切实引向奋斗和价值实现,企业就必须建立一种商品化导向的管控系统,让企业的一切经营活动都紧密围绕价值创造来推进。

任正非在《华为的红旗到底能打多久》一文中指出:"华为要紧紧抓住产品的商品化,一切评价体系都要围绕商品化来导向,以促使科技队伍成熟化。我们的产品经理要对研发、中试、生产、售后服务、产品行销……负责任,贯彻沿产品生命线的一体化管理方式。这就是要建立商品意识,从设计开始,就要构建技术、质量、成本和服务的优势,这也是一个价值管理问题。"也就是说,华为的工作开展以及绩效评价都要以商品化为导向,包括干部的提拔和下放也都要将价值贡献作为评价标准。

1. 一切评价体系皆紧密围绕商品化导向

在华为早期,华为人非常重视技术,他们认为"技术第一,技术就是价值"。而一次次来自市场的惨痛教训让华为人逐渐认识到:技术不等于价值,只有当技术能够被转化为商品售出,这些技术才能够转化为价值。

1992年,郑宝用带领十几位技术研发人员,准备开发局用机。但是,他们当时仅有开发模拟空分用户机的经验,而在开发局用机方面经验为零。所以,他们决定开发模拟空分局用交换机,并命名为JK1000。

1990年,中国固定电话普及率为1.1%,世界排名第113位。1992年,华为预测,按照中国电信产业的总体目标,至2000年时固定电话普及率将达到5%~6%。华为判断:"先进的数字程控交换机在中国可能并不适用。"但让华为始料未及的是,至2000年时,中国固定电话普及率竟然比华为预测的数据高出10倍之多,这便注定了JK1000遭受的可悲命运。

在华为投入巨额的开发费用和全部的技术研发力量之后,JK1000于1993年初问世,并在当年5月获得了国家邮电部的入网证书。然而,在1993年底,数字程控技术已经在国内得到普及,华为的JK1000空分局用交换机刚推出市场,便面临了没有市场的危机局面——当时的用户市场已被数字程控交换机所取代。

因此,华为在JK1000空分局用交换机项目上败下阵来。不久后,华为又在CT2项目上遭受了巨大的损失。任正非开始意识到:华为研发必须从技术驱动转变成市场驱动,将技术转化成商品,而不是坚持从事那些处于"卖不掉的世界顶尖水平"的技术研发。

自此,华为开始明确要求:一切评价体系都要环绕商品化导向。比如,在评价一个项目时,并不看项目持续时间、资源投入量,而是应该看产出情况。简而言之,贡献大的项目为大项目,贡献小的项目为小项目。

此外,华为还对员工强调:商品化导向最终指向的是市场,但面对市场的则是企业整体，而非单个员工或部门。也就是说，华为商品化导向的建设，是面向所有人的，其目的在于着力建立一种集体价值导向。

1996年，中国电信市场上接入网产品的机会点突然出现，但华为中研部的接入网产品起初发展并不好，这是因为中研部独自开发，未能进行资源和信息共享，导致研发的产品无法与其他模块对接。后来，中研部建立了跨部门的研发团队，从各方面需求进行会诊，确定了最佳的接入网产品设计方案，由此突破了关键技术问题。对于中研的这次行动，任正非给出了非常客观的评价："中研前面的努力，我没有看到任何价值，我给–100分。而后面的行动让我看到了华为人应该有的素质，我给90分。"

2. 评估盈利和战略贡献，严控选拔资格

为了强化企业上下对商品化导向的重视程度，华为将评价体系与人员晋升体系予以关联，评价结果构成了决定员工职位升降的80%的因子。此外，华为还规定，个体必须为企业创造盈利和战略贡献，只有绩效评价结果属于前25%的人才，才有资格被提拔为领导干部。

任正非曾在内部讲话中说道："我们一定要坚持从战略贡献中选拔出各级优秀干部。干部获得提拔的充分必要条件有两个：一是要能使所在部门盈利；二是要有战略贡献。如果你不能使这个代表处产生盈利，我们就对你实行末位淘汰；如果你有盈利，但没有做出战略贡献，我们也不会提拔你。这两者是充分必要条件。现在我们选拔干部，就要慢慢调整结构，从而使之走向更有利于公司的发展方向。"事实上，任正非对干部的创造力与价值贡献的要求，从

2002 年时便开始了。

2002 年，华为营业额为 221 亿元人民币，与前一年的 225 亿元相比，其营业额下降了 4 亿元，这是华为自创立十余年来首次出现销售额负增长的情况。

对于这个情况，任正非非常恼火，而他首先发现了华为领导队伍上存在的问题。他发现，华为在干部选拔与晋升时太强调个体素质能力，而忽略了个体实战能力。也就是说，这些被华为提拔起来、希望其创造价值的人才，并未切实挑起企业赋予的重任。

2002 年底，任正非对华为人力资源管理部门的员工说道："企业不应该是按一个人的知识来确定收入，而应该是以他拥有的知识的贡献度来确定的。我们强调使用一个干部时，不要考虑他的标记，不能按他的知识来使用，我们必须要按他承担责任、他的能力、他的贡献等素质来考核干部。"

随着华为对干部选拔机制的不断完善，任正非对干部贡献也越来越重视。2005 年，任正非再次强调："我们的待遇体系强调贡献，以及以实现持续贡献的能力来评定薪酬、奖励。有领袖能力、能团结团队的人，是可以多给予一些工作机会的。只有他们在新的机会中做出贡献，才考虑晋升或奖励。"

2011 年，华为的销售收入已由 2001 年的 225 亿元人民币飙升至 324 亿美元，但任正非却在华为 EMT 纪要〔2011〕008 号文件中继续强调："本次 BG、EMT 成员的选拔，以及后续的各层干部选拔，应导向攻击前进。各业务经营单元应聚焦于将饼做大，而非将精力放在内部如何分饼上。"这句话实际上仍然是在强调企业成员对企业的价值贡献。在企业管理实践中，这种对企业盈利和战略贡献的要求与坚持，是众多中小型民营企业所难以坚持的，但却构成了华为实现人员进步与华为成长的必要条件。

3. 评价并非空谈，不打粮食的干部必须下台

在以商品化为导向的价值贡献理念指导下，华为对于不打粮食的干部予以了最严格的管理——必须下台。这样做的目的在于：一是对不能创造价值贡献的领导干部予以惩戒；二是为那些创造贡献的人员提供更多晋升和展现能力的机会。

据统计，华为每年大约有 1/5 的人会进行职级晋升，有 1/8 的人需要进行岗位晋升。华为领导干部的贡献要求如下：

（1）带领团队，创造效益，保证公司整体目标的实现；

（2）要有意识地培养接班人，为华为的持续发展提供保障；

（3）勇于承担责任，不将问题和责任推给属下；

（4）要保证以客户为中心，全心全意为客户服务；

（5）实行有效管理，实现团队价值；

（6）坚持学习，保证个人素质和实战能力的不断提升，以结果定贡献。

在华为，干部的职责就是带领团队多打"粮食"，为企业创造贡献。凡是不能产生价值贡献的干部，无论素质、资历如何，都"绝不提拔，积极下放，给优秀的人让位置"。任正非在 2009 年《关于人力资源管理变革的指导意见》文件中非常明确地指出："华为干部的选拔原则与标准，就是要建立一支强有力的、英勇善战，不畏艰难困苦，能创造成功的战斗队伍，是为了攻克山头、打粮食；而

不是选拔一批英俊潇洒、健壮优美、动作灵活、整齐划一的仪仗队。"

很多企业在干部任用方面,常常会因顾念"情面"而手下留情,但是感情和面子是不能为企业创造价值的。唯有让那些没有贡献的人退位让贤,给那些有贡献的人以光明的前程和最大的舞台,让人才看到希望,让企业获得利润,实现人才与企业的双赢。

三、以团队价值实现为基准,并确保评价的公平性

在讨论价值贡献时,人们往往会特别关注个体岗位价值,以个人工作量作为个体贡献的评价标准。但在华为,个人能力的评价标准是以团队贡献为准的,即评价个人工作价值时,先看其团队业绩,再评价其为团队做出的贡献。比如,一位员工占用了整个项目组的优势资源,200%地完成了自己的任务指标,但项目组目标却未能实现,那么这样的价值贡献是不被承认的。

1. 个人价值以团队价值的实现为基础

人是社会性生物,任何一个人的个体行为都会对其身处的团体产生不同程度的影响。在企业中也是如此。任正非曾问郑宝用等华为高管:"整天加班的人就是奋斗者吗?他们就能让公司业绩成百万、上千万地飙升吗?显然是不能的。所以,我们看他有没有创造价值,先看他为团队做了什么,有没有帮助团队实现目标。团队目标都没有实现,你说他对企业的贡献有多大,我是不相信的。"基于这一观点,华为在评价员工价值贡献时,皆是以团队价值的实现

为基础。

华为在目标管理中明确规定：包括客户经理、产品经理、技术维护人员以及技术研发人员等人员在内，无论这个人的工作表现如何优秀，但在项目丢失或成功时，该项目的所有成员都将一起承担责任或分享奖励。

从评价角度来说，集体评价与个人评价既是统一的，又是分离的。比如，在全国各大办事处的评比中，如果某办事处创造的效益最低——得了 C 等，那么该办事处的每个员工在个人评价等级中也会受到影响，且总体水平都要随着下降；但如果该办事处的某个员工在与其他项目组的合作中做出杰出贡献，那么同样能够得到 S 等。如此一来，便实现了个人与团队之间的平衡。

为了培养华为人以团队价值为准的价值理念，华为大学专门设计了一些有助于培养人们彼此信任、协作共事的拓展训练项目。而在日常工作中，华为也着力培养员工的团队协作能力，并专门设置了一系列配套的管理机制与支持系统。

在《华为人报》第 225 期刊登的《我的十年十个关键词》一文中，华为客户经理吕学将"协作"列为第 8 个关键词，并解释说："在担当客户经理的工作中，公司对我们'协作'能力的培养让我记忆深刻。客户经理从资源维度是个人绩效贡献者，但从项目维度来看，客户经理还要为项目负责，需要协同包括产品行销经理、服务经理、财务人员、研发人员，甚至包括办事处秘书文员共同投入到项目中。客户经理的经历，让我明白了一个重要的道理：我不是一个人在战斗。我的后面，是华为公司强大的平台力量和团队力量。"

如今，组织团结一致、共同创造团队价值，已经成为华为人习以为常的工作状态，而团队价值的实现度也自然而然地被视为个人评价的重要参考标准。

2. 以公平公正为原则，细化工作评价

为了让员工真正建立起对结果负责的工作态度，任正非还要求"公司上下必须执行严格的评价和奖惩制度"，通过系统化的工作评价结果来判断奖惩方案。为了避免出现评价结果不公平的现象，华为特别考虑了以下三个方面，来对员工的评价予以细化。

（1）工作的重要性。华为将客户迫切需要解决且能够让客户和华为实现共赢的工作判为"重要工作"；将那些需要反复劳作却不直接创造价值的工作判为"次要工作"。在绩效评价时，对重要工作的评价分值要比次要工作高出三倍以上。

（2）工作的难易程度。华为鼓励华为人不畏困难、克服困难，因而对于那些有难度的工作会在业绩考评时酌情加分。比如，如果两个员工分别身处两个经济发展水平不同的工作地点，但却创造了相同的盈利，那么华为会特别奖励那个在困难中仍创出高收益的"英雄"。

（3）项目负责人的工作经验。华为规定，有丰富经验的项目负责人要承担起项目责任，如果未能按时保质完成项目，必须承担相应惩罚措施；而对于那些刚刚晋升、缺少成功经验的新人而言，华为虽然同样要求承担工作责任，但会对其犯错行为抱有一定的宽容态度，并在个人评价中对其予以鼓励。这也是华为在科学管理中的人性化表现。

以团队价值实现结果为导向，对员工工作行为与业绩成果进行细化的评

价,这种做法使华为营造出一种既关注企业盈利与战略目标实现,又关注个体行为实践效果的文化氛围。

四、让评价结果与淘汰机制挂钩,消除惰化心理

为了充分强化每一个华为人的积极奋斗意识,重视奋斗成果,华为实施系统评价,鞭策后进学先进,采取末位淘汰日常化模式,形成了良好的人员新陈代谢。

1. 评价结果与末位淘汰制催生员工的危机感

如果评价结果不能与回报挂钩——奋斗与否,其所得影响不大,那么对奋斗者而言就是不公平的,评价机制的存在也就失去了意义。

1999年5月,任正非在文章《能工巧匠是我们企业的宝贵财富》中写道:"由于市场和产品已经发生了结构上的大变化,现在有一些人已经不能适应这种变化了,我们要把一些人裁掉,换一批人。因此每个员工都要调整自己,尽快适应公司的发展,自己跟上公司的步伐,不被淘汰。"随后,华为的末位淘汰制度正式出炉。华为每年保持5%的自然淘汰率,连续在绩效考评中排名在后5%的员工和干部都要被淘汰掉,这在华为内部被称作"末位淘汰制"。

华为希望通过淘汰5%的落后分子,来激发员工的危机感,防止企业内部的惰化情绪滋生,激励全体员工努力奋斗,创造更多价值成果。因此,华为并不主张大量裁员。在华为,第一次被"淘汰"的人员并不会被辞退,而是通过

下岗再培训的方式重新竞聘上岗；如果其在下一次系统评价时成绩突出，那么他将有机会重新返岗或换岗。只有那些连续被淘汰的人员，才会真正被辞退。这个过程，既强化了员工的危机感，又帮助企业减少了重新招聘人员所造成的成本损耗。

任正非曾在《雄赳赳气昂昂跨过太平洋》一文中强调："若3~5年内建立不起国际化的队伍，那么中国市场一旦饱和，我们将坐以待毙。今后，我们各部分选拔干部时，都将以适应国际化为标准，对那些不适应国际化的，要逐步下调职务。"所以，在华为，任何人都没有资格享受终身干部制，即便是高级干部，曾经做出过巨大贡献，也要处于末位淘汰制度的覆盖范围之内。一些高级干部被末位淘汰后，会被安排去重装旅，再重造辉煌。多年来，华为高管之中，徐直军、杨汉超、郑树生、洪天峰、毛生江等都曾因考核排名靠后而被降职的经历：从副总裁被直接任命为华为办事处主任的经历。

当然，并非所有企业都敢去尝试华为的这种做法，因为这种做法对员工职务的大幅升降会涉及巨大的成本和风险，并不适合一般企业的日常运营。不过，华为这种将人员激励模式与实际业绩评价结果挂钩的做法却是所有企业应该借鉴的。

2. 实现末位淘汰日常化，形成良性的新陈代谢

关于末位淘汰，西点军校有一个明确的规定，即淘汰不分时间、不分地点，随时进行。这个规定督促学员们每时每刻都不敢轻易放松警惕。后来，华为引进了这一原则，通过末位淘汰日常化管理，持续地向华为员工缔造危

机感。

所谓"末位淘汰日常化"即在工作流程与工作制度中设计一定的淘汰原则和淘汰比例,让人们在日常工作中感受到末位淘汰的压力。

华为末位淘汰日常化有以下四个突出表现。

(1)即便新员工在职前培训期间也面临淘汰。通常,一个新员工培训班中有20～30人,无论这个培训班的成绩有多好,该班中的最后一名学生都会被淘汰。

(2)对员工态度、能力和业绩进行日常评价与排序。部门负责人随时根据考评结果,来判断员工的价值创造能力;同时,承担起管理日常工作、培养其工作能力和指导其工作的责任。倘若发现一些员工在经过培训之后仍无法胜任工作,则将其淘汰到公司的人力资源池中去。

(3)面向全员实施末位淘汰,对高层干部设计更高的淘汰率。对于领导干部,如果其不能承担起对应的责任,不能带领所在部门或团队创造承诺的绩效,也同样要被淘汰。华为规定,对不合格干部的末位淘汰率达10%,比普通员工的淘汰率更高;而对于未完成年度任务的部门或团队,干部的末位淘汰比例甚至还会更高。此外,领导干部一旦被淘汰降职,其在一年之内不得被提拔,更不能跨部门提拔。

(4)即便个体与所在部门超出了公司绩效平均线,也可能被淘汰。任正非要求:"华为要继续坚持以有效增长、利润、现金流、提高人均效益为起点的考核,凡不能达到公司人均效益提升改进平均线以上的,体系团队负责人,片区、产品线、部门、地区部、代表处等各级一把手,要进行问责。而在超越

平均线以上的部门，还要对正利润、正现金流、战略目标的实现进行排序，坚决对高级管理干部进行末位淘汰。"这使得华为人不会一味地和同事进行业绩方面的比拼，而是综合考虑多个方面去提升价值创造能力。

很显然，通过将评价结果与负激励相挂钩的模式，华为让每位员工都深刻感受到压力，进而竭尽所能地为企业做出更多贡献，由此有效防止了企业内部的懒惰化，为华为打造出了一支能够长期冲锋陷阵的职业化"铁军"。

第八章

坚持利益共享，价值分配向奋斗者倾斜

从根本上来说，一个企业的经营机制是一种利益驱动机制。在这方面，华为堪称诸多企业的榜样。华为的独到之处在于，几乎所有华为人都是企业最终效益的获益者，每个人都可以通过获取分享制，以贡献换取利益回报，以此激发全体成员的奋斗意志。

一、力出一孔，利出一孔，与奋斗者分享利益

"力出一孔"会制造出强大的威力，比如：火箭燃烧后的高速气体可以通过拉法尔喷管而产生巨大的推力，进而把火箭推向宇宙；水在高压下从一个小孔中喷出来，可以切割钢板。由此足见力出一孔的威力之大。任正非以此为例，而后指出：如果15万人的能量能够在一个单孔里去努力，大家的利益都在这个单孔里去获取，如果华为能坚持"力出一孔，利出一孔"，那么下一个倒下的企业便绝不会是华为。

这便是华为坚持以奋斗者为本、坚持利益分享制度的思想源头。多年来，华为一直坚持通过实施一套具有高激励性的利益分享制度，引导员工认同并坚守企业的奋斗文化。

1. 认可每一位奋斗者，以荣誉赋予精神洗礼

华为认可员工对于企业所做出的贡献，对于每一位"有贡献的员工"都会予以高度的评价，并特别设计各种荣誉奖项。

1997年，华为的营业额突破40亿元大关。面对如此喜人的业绩，任正非对创造佳绩的员工们予以了高度肯定："华为的光辉是由数千微小的萤火虫点燃的。萤火虫拼命发光的时候，并不考虑别人是否看清了它的脸，光是否是它发出的。没有人的时候，它们仍在发光，保持了华为的光辉与品牌，默默无闻，毫不计较。没有每一个萤火虫拼命闪光，华为就会晦暗无光。"

为了让这些默默发光的"萤火虫"知道"华为并没有忘记他们,并且时刻都在关注着他们",华为先后设立了一系列荣誉奖项,比如:"蓝血十杰奖""明日之星奖""金牌团队奖""金牌个人奖"等,给奋斗者们足够闪亮的荣光、认可与支持,以鼓舞他们继续奋斗下去。

在这些荣誉奖项中,"蓝血十杰奖"是华为公司的最高荣誉奖,也是华为人力资源建设部门和中高层管理者最为向往的一种荣誉。因为只有对华为管理改进做出突出贡献的人员,才能获得这一殊荣。

与上述荣誉奖项相比,最具荣誉性质的"明日之星奖"要更容易获得一些。每年底,华为都会从十几万员工中,优选出数千名"明日之星",为他们提供走红地毯、发表获奖感言的机会,力求让每一位为公司做出卓越贡献的华为人都能享受到明星一般的待遇与体验。

而"金牌团队"和"金牌个人"这两个奖项则是华为对取得卓越贡献的项目小组和员工个体给予的最高肯定。在确认奖项归属时,华为的道德遵从委员会担当起组织者和裁判员的双重角色,根据员工的绩效考核成绩等多项参数,通过民主选举形式,形成获奖者名单,由此确保该评奖活动的公平、公正性。

此外,上述所有荣誉奖项的设置和评定工作,必须围绕企业核心竞争力提升来进行,所有奖项获得者和竞选者都必须是"对部门主业务改进及部门人均效益提高方面有重大贡献"的人员。对于那些一时、一事上表现突出的员工,华为也会通过公开表扬的形式,对他们予以肯定与激励。

2. 优化价值分配，高价值向优秀员工倾斜

当然，如果仅仅是单纯的荣誉奖励，往往会使人员激励流于虚空。所以，华为实实在在地为奋斗者们提供了丰厚的物质奖励，且始终坚持让价值分配向优秀员工倾斜。

在《华为的红旗到底能打多久》一文中，任正非指出："我们在报酬方面从不羞羞答答，而是要坚决向优秀员工倾斜。我们要坚决推行在基层执行操作岗位，实行定岗、定员、定责、定酬的以责任与服务作为评价依据的待遇系统，以绩效目标改进作为晋升的依据。"

事实上，华为之所以专门与员工签订《奋斗者协议》，其目的之一便是：识别奋斗者与不奋斗者，区别卓有成效的奋斗者和一般奋斗者。在做出这样的区分之后，华为会在资源、机会、股权、福利等各个方面予以差异化处理。在执行上，华为向优秀奋斗者倾斜的具体措施如下：

（1）在晋升机会方面，除了在岗位晋升和职位晋升时要以绩效考评为基准，对公司贡献越大，考评成绩越好，晋升机会越多。

（2）在虚拟股权分配方面，对于同样符合分配条件的、贡献越大的奋斗者，其得到的股票数量会相对高一些，且拥有优先权。

（3）在奖金和旅游、休假等福利上，优秀的奋斗者会获得更多机会，而那些没有太大贡献的一般奋斗者，所获得的奖金则相对要少一些。

为什么华为要采取这一策略呢？这是因为，卓有成效的奋斗者是华为的中流砥柱，是华为公司最需要的人——华为大部分的业绩都是他们所创造的。

如果让他们与其他一般奋斗者或不奋斗者领取同等的薪酬、奖金或股权，那么势必会挫伤奋斗者的积极性。

任正非在《如何与奋斗者分享利益》的讲话中指出："大家认为谁是奋斗者就请你们多保护，不要伤害他，哪怕他和文件有冲突，你们做不了主的时候，你们可以呈报。要敢于在待遇上拉开差距，让优秀员工多拿钱，股票多配一些。我们的改革不能左一会儿，右一会儿，然后这儿有被伤害的人，那儿有被伤害的人，其实最被伤害的人，一定是最优秀的人……我们的公司不需要完人，我们需要能做出贡献的人，这一点我们要在干部制度、人力资源中真正明白起来，谁是我们需要的人。"

此外，华为还提出：功过不能相抵，赏罚必须分明。在华为，有三种员工必须予以奖励：为华为创造出可观价值的人必须奖励；持续的奋斗者必须奖励；经过错误的洗礼，重新回归奋斗者团队的必须奖励。还有三种员工必须予以惩罚：不负责任的干部必须受罚；不打粮食的干部必须受罚；不能坚持奋斗并且不创造贡献的人必须罚。

在这种赏罚分明、价值分配向优秀奋斗者倾斜的分配原则下，华为成功地留住了一批又一批卓有成效的奋斗者；通过持续的、积极的观念引导，使得更多普通员工热情主动地加入到奋斗者队伍中来，以此为华为提供了源源不断的、强悍的战斗力。

事实上，这样的利益分配和观念引导机制也恰恰是大多数企业所需要的和应该践行的。

二、优化持股，利益捆绑，打造命运共同体

在华为深圳总部的一间密室内，设有一个玻璃橱柜，橱柜里放着一些厚厚的蓝册子，这些册子便是华为员工持股的官方资料——持股簿册。这些持股簿册中，详细记录着华为持股员工的姓名、身份证号码、具体持股数量和持股年份等信息。据华为官方透露，截至2018年12月31日，华为员工持股计划参与人数达96768人。也就是说，在华为19万名员工中有近一半的员工是公司虚拟股票的持有者。

1. 创新员工持股制度，助力员工激励与企业运营

全员持股制度是华为在利益共享方面的一次制度创新。2010年初，华为首次在年报中披露了其股权结构：深圳市华为投资控股有限公司工会委员会是其最大股东，持有华为98.58%的股份，而任正非仅持股1.42%。通过工会委员会，64.69%的华为员工持有华为股份。

说起华为的全员持股制度，要追溯到1990年。当时，华为提出内部员工持股计划，每股10元，让员工用现金认购的方式，以利润的15%作为股权分红（税后）。员工进入公司一年后，依据员工的职级、季度绩效等进行分配。在这一阶段的全员持股计划中，全体在职员工都有持股的机会，而且持股员工可代表行使股东权利（包括表决权、控制权、分红权、优先权等）。任正非认为，只有通过"全员持股，才能把公司的长远发展和员工的个人贡献紧密地结合起来，形成一个长远的共同奋斗和分享的机制"。

1995年以后，华为开始大规模招聘各高校人才，企业需要支付的薪资日益增多，再加上研发和市场开拓也需要大量资金运作，华为感受到极大的现金流压力。于是，在实施实股分配十年后，任正非受国外上市公司股权分配的启发，开始尝试虚拟股权机制。

比如，如果华为与员工甲协商的工资是10000元，那么华为会先给员工发放5000元，另外5000元以虚拟股票的形式发放，即员工用部分工资购买公司的虚拟股票，再把钱投入公司建设中。在执行这一制度时，华为明确说明：如果员工想要离开公司，股票会全部兑现；如果不离开，则可每年领取对应的分红。

曾任职华为人力资源部的汤圣平回忆称："我在辞职后，所有的工资余额立刻打到我在杭州的账户上，公司股价公布后的一个月内，华为就把股票按照最新的价格全部兑现到我的账户上。要知道，华为2002年的效益并不怎么好，现金流也不充裕。"

而为了让员工安心接受股权制度，华为还为员工建设了宿舍和食堂，尽可能降低员工的日常支出；华为人力资源管理委员会下设的办事处，专门帮助员工解决生活困难；华为还建设了"公司银行"，当员工需要紧急用钱时，其会以无息形式借给员工，而后再以员工日后工资按期抵扣。

就这样，在一系列完善的管理机制之下，华为的虚拟股权制度逐步创立、完善起来。而通过全员持股计划，华为一方面缓解了企业现金流问题，即不需要支付利息和高额红利，有效降低了公司财务风险；另一方面使员工对企业产生了主人翁意识、责任感和归属感，大大调动了人们的工作热情。

2. 持续优化持股机制，激发员工的进取意识

有人曾发出这样的疑问："既然是华为号称'全员持股'，为什么还有一半人数的员工没有股权呢？"事实上，这正是华为实施股权激励过程中一个可圈可点之处。

华为初创期的全员持股措施，是以满足员工物质需求和精神需求为导向，力求积极发挥员工能动性，留住创业团队，同时降低企业现金支出。但是，全员持股并不是企业的万能药。套用一句流行语：如果每个人都有股票，就相当于每个人都没有股票。在全员持股发展数年后，部分老员工只要长期持有股票，即使每天不干活，也能获得高额分红。这在很大程度上破坏了华为公平竞争的内部环境，不利于个人和公司绩效的提升。

为了解决这一问题，华为于2000年开始实施期权改革，出台了一些新的股权激励政策。比如，对新员工不再给其分配每股一元的股票；逐渐对老员工的股票实施期股转化；取消固定分红模式，从公司净资产增值部分中获取分红。此外，华为还根据评价体系，向员工分配一定额度的期权，四年为一个期权期限，每年兑现1/4的额度。事实上，期权比股票的方式更为合理。为了获取期权，个人必须更努力地奋斗——一个绩效标准对应一个额度的期股。

2008年，全球经济遭受重创。华为为了稳住华为团队，采取了虚拟股+饱和股的形式。所谓饱和股，是指对不同工作级别，匹配以不同的持股量。比如，对级别为13级的员工，其持股上限为2万股；对级别为14级的员工，其

持股上限为 5 万股。员工级别越高，其配股数量越多，但是若员工达到其级别的持股量上限，则不再参与配股。

2013 年，华为又一次实施股权激励制度的优化。在这次股权优化中，华为设计了 5 年的激励期：第一年实施配股，但无分红；第二年开始有分红，分红为 1/3，依照持续递增原则，至第 5 年可以拿到饱和股的分红。第 5 年结束后，一切重新归零。

2019 年 12 月，华为的注册资本从约 222 亿元增至约 293.5 亿元，任正非本就不多的持股比例也在此时再作调整，从 1.42% 被稀释到 0.94%……

此外，华为在推行全员持股与期权激励的过程中还始终坚持一点：向优秀员工倾斜，即根据个体能力、目标责任、价值贡献、工作态度、风险承诺等综合情况，来确定股权分配额度，从而形成"优秀员工集体控股、骨干员工大量持股、低级员工适当参股"的股权分配格局。

可以说，华为的这套员工持股制度，一直在随着企业发展与实际需求变化而进行不断的优化，竭力避免持股人员、创始团队躺在华为股票利益上混日子的问题。而向优秀员工倾斜的模式，也使得企业员工之间的收入差距由此拉开，使企业内部竞争氛围处于激活状态。通过这一系列实践行为，华为成功建立起了一个具有激励竞争与有效约束的股权激励机制，华为与员工之间也切实形成了一种比雇佣关系更为牢固紧密的关系，打造出一个真正意义上的事业共同体、命运共同体。

三、实施竞争性薪酬模式，采取差异化回报方式

在员工薪酬设计方面，华为主张以高薪酬来催生员工的高动力，并坚持在同工同酬的基础上，根据员工责任内容与价值贡献实施薪酬差异化管理，以"竞争性薪酬"模式来激发员工的竞争意识。

1. 以高薪酬吸引人才，强化薪酬竞争力

出于成本因素的考量，很多企业希望能够以较低的薪酬聘用更优秀的人才。在这一点上，华为与其他企业有一个极大的不同：华为舍得为人才支付高薪。对此，任正非的观点非常鲜明："高薪不一定能留住人才，但低薪一定留不住人才！企业想要招揽和激发人才，必须提供有竞争力的薪酬。"

华为的"高薪酬"也不是与生俱来的。从1987年到1994年，初创期的华为在人力、财力、物力等各种资源方面存在很大限制，企业对通信人才的迫切需求与企业自身无力支付高薪酬之间成为巨大的矛盾。任正非意识到，如果不能吸引优秀人才并对其实施有效激励，华为将永远不能从诸多强悍的竞争对手中脱颖而出。于是，华为开始实施薪酬领袖战略，以具有竞争力的高薪酬吸引人才。

事实上，华为之所以每年都能从国内各大名牌高校招聘到大量优秀毕业生，在很大程度上是因为华为这一薪酬战略。即便华为在海外进行员工招聘时，也会给出不逊于同行业工资水平的薪酬待遇。若是面对高端人才，华为更是不吝给出高得"离谱"的薪酬。

华为内部资料显示，2001年，一名大学本科毕业生在华为月薪在5000元

以上，研究生月薪为6000元以上；至2013年，华为招聘本科毕业生时的起始工资升至9000元，研究生月薪升至10000元；2016年，华为从全国各大高校中招聘超过1万名应届毕业生，起始年薪最高超过35万元。

2015年10月12日，华为公司董事、高级副总裁陈黎芳在北京大学发表"校招"宣讲时放出豪言："在华为，工资只是零花钱。"根据华为全员持股的"虚拟股权"制度，华为员工每年可以拿到十几万甚至上百万元的分红，这在其他企业是难以想象的薪酬水平。

数据统计表明，华为的薪酬水平比深圳的一般企业高出15%~20%，比全国平均员工收入水平高出50%~60%。这样丰厚的薪酬，再加上比薪酬更具吸引力的分红以及其他福利，其对人才的吸引力是非常强劲的。

部分企业经营者往往认为，为员工提供有"竞争力的"薪酬的做法会增加企业的成本压力。其实不然。从人力资源管理的角度讲，如果企业给员工提供有竞争力的薪酬，可以激励员工更努力工作，更珍惜工作机会。华为每年都会支付给员工较高的薪酬，而华为每年的员工薪酬之和、上缴国家税收、研发投入这三项指标始终高于同年利润。与此同时，高工资催生高效率，强化华为人的拼搏精神，华为也由此打造出了硬核竞争力。从这一角度来看，根据企业实际情况，制造薪酬优势，这是值得很多企业学习的人才吸引模式。

2. 设计竞争性薪酬模式，制造员工心理反差

这是华为在薪酬管理方面的另一个特色。"竞争性薪酬"不同于前面所强调的"有竞争力的薪酬"。"有竞争力的薪酬"是针对企业外部而言，华为薪酬与同行业对比有竞争力，而"竞争性薪酬"则是针对企业内部员工，强调华

为员工彼此间在薪酬上的竞争。

华为竞争性薪酬体现为按级定薪，即每一级别的员工领取不同水平的薪酬。

以研发部门为例，华为助理工程师的技术等级在 13C~15B 之间；普通工程师 B 的等级在 15A~16A 之间；普通工程师 A 的等级在 17C~17A 之间；高级工程师 B 的等级在 18B~19B 之间；高工 A 或技术专家的等级在 19B~20A 之间；三级部门主管的等级为 19B；二级部门主管的等级为 20A；一级部门主管的等级通常在 21B~22B 之间，最高等级 22A；22 级以上为华为总裁级，不对外公开。而 13C 以下是华为生产线上的操作工的级别，不予计算。

据统计，在 2015 年大幅度提升工资基线后，华为员工每级工资差距为 4000 元左右。13 级员工工资为 9000~13000 元，14 级员工工资为 13000~17000 元，15 级员工工资为 17000~21000 元，16 级员工工资为 21000~25000 元，17 级员工工资为 25000~29000 元，依此类推，越往上，员工工资的薪酬差距越大。

很明显，华为各级员工之间的薪酬水平差异非常大。为什么华为这样设计呢？这是因为华为高层逐渐认识到："一刀切"的薪酬设计是难以激发员工进取心的。

当员工发现自己的薪酬与其他员工的薪酬之间并无明显差别时，他会认为自己没有必要努力工作，由此成为企业沉淀层。但是，如果他们能够看到自己与别人之间的薪酬差距比较大，那么他们便会更加努力地向前追赶，建立起属于自己的薪酬优势。如此一来，所有员工都在不断地创造更多工作成果，为自己的升职加薪持续积蓄能量。

3. 以同工同酬为基础，实现责任和贡献差异化

华为打破了基层岗位仅按学历定工资的传统技能评价体系，遵行按劳取酬的原则，实施同工、同责、同酬模式。简单地说，假设所有员工的责任心和贡献是相同的，那么身处同样岗位的员工，负责同样的工作任务，领取相同的薪资。不过，这个假设并不常见。所以，华为在同工同酬的基础上，非常重视对员工责任和贡献度的评价，由此实现薪酬的差异化。

以 2009 年为例，华为当时的研发人员已经达到 8000~9000 元的平均月薪，而秘书之类行政人员的平均月薪在 2000~3000 元。但是，当年 11 月时，有 7 位研发人员并未完成计划的研发任务，其获得的薪酬则在平均薪酬的一半左右。同时，有超过 40 位行政人员因在新员工入职等事务上做出了杰出的贡献，得到的绩效工资达到 4000 元以上。

2014 年 8 月，任正非在华为人力资源工作汇报会上再次强调："华为要差异化管理各类人员薪酬，激发员工的活力。"这种薪酬上的差异化和明显倾向，也恰恰体现出了华为对奋斗者们的尊重和认可。

四、健全保障体系，根据员工实际需求设计激励措施

企业若想充分激发员工工作积极性，实现对员工的深度绑定，那么有必要在福利保障上构建一套完整的、体贴入微的机制，实现从物质到精神的全方

位管理。

1. 健全保障机制，解决员工后顾之忧

任正非曾说："带兵打仗，必须给士兵几两土钱，这样士兵打起仗来才能更有干劲。"从创立至今，华为一直十分重视员工福利保障机制的建设。仅在2018年这一年，华为的全球员工福利保障投入高达135亿元人民币。

在员工保障体系中，华为根据员工实际需求设置了各种保险，以充分保障员工的人身利益。具体而言，华为为员工设置了覆盖全球所有员工的人身意外险，覆盖所有中国地区员工的商业重大疾病险和寿险，遍及所有中方外派员工的商务旅行险。除了员工所在地法律规定的各类保险外，华为还为员工制订了完善的公司医疗救助计划。

2011年，华为从多个方面对员工保障体系进行了再次优化，具体措施包括：与保险公司合作建立了用于全球员工保障管理的IT平台；逐步提升商业寿险的保障基准；对海外员工保障管理项目进行优化，确定属地化保障举措；优化员工家属的保险认购计划，为其搭建保障系统；针对突发事件，实施应急反应机制和行为问责制度等。

一系列保障机制的建立健全，虽然增加了华为的支出成本，但取得的效果却是显著的。举例来说，华为早期的海外市场大多在委内瑞拉、刚果、厄瓜多尔等条件艰苦的地区，很多企业的员工都不愿意前往开展业务，但华为每年都不缺乏主动请缨前往海外的企业精英。个中原因就在于，华为为海外员工及其家属都提供了极为健全的保障机制。

此外，华为还想方设法地为员工设计很多意料之外的保障形式。比如，华为自 1996 年开始为员工发放约为工资 15% 的安全退休金。例如，某员工的基本工资为 10000 元，那么公司会在每月为其另外发放 1500 元。这 1500 元中，扣除了员工个人所需缴纳的社保金额后，其余金额可以在员工离职时提取，也可以在达到一定额度时一次性提取。华为做出这一设计的初衷是：在员工工作期间为其发放养老金，提前十几年甚至几十年帮助员工解决后顾之忧，让员工更安心地投入到日常工作中去。除了发放安全退休金之外，华为还会为员工发放各种补助，比如根据工作地域的差异设置的不同等级的补助，用于购买出差车票、就餐的补助等。

华为的保障机制并不仅限于此，而华为每年不断优化的机制内容都呈现出华为的一个突出优势：保障机制细致入微，让员工无后顾之忧。这也是华为让很多人难以拒绝的原因之一。

2. 因应员工需求，设计员工最需要的福利

关于福利，有这样一个定义：让员工感到幸福，并能够从中获得利益，这才是真正的福利。在设置员工福利时，华为非常重视与员工实际需求的充分结合——奖励员工真正需要的，为员工解决实际问题。

1993 年，华为员工的工资并不高，且其中部分工资还用于兑换公司股票，故当时的生活艰苦，甚至不舍得在餐馆点个好菜。任正非了解到这一情况后，决定成立公司食堂。公司食堂不仅为员工提供免费的三顿餐食，每晚还会为加班的员工提供一次加餐，大家称之为"八点半钟靓汤"，排骨汤、乌鸡汤等各

色汤品轮番上阵。每到晚上 8：30，每一位加班的华为人都可以去食堂喝一碗温润暖心的汤品。

随着华为的快速向前发展，员工的人数日益增多，自建食堂的供应能力开始难以满足员工的需求。1996 年，华为搬迁至科技园一号楼。为了更好地满足员工的餐饮需求，华为将食堂承包给由原膳食管理人员组建的三家餐饮公司——迈志豪、都乐门、鑫福鼎，由专业人员提供食堂的全套服务，员工的菜品品类与质量也随之大大提高。

解决餐饮问题之后，华为开始考虑需要为员工设计一些其他方面福利，比如组织持续在艰苦地区奋斗多年的华为员工与家属来一场难以忘怀的休假旅行；安排驻外人员的家属定期探亲或随行等。

2009 年 1 月，华为中东北非片区"阳光之旅关怀计划"首先惠及阿富汗办事处，华为组织在阿富汗连续工作 5 年的员工及家属到埃及度假观光！旅行中，员工可以观光开罗、游红海、观摩金字塔、骑骆驼……旅行结束前，公司还专门留给员工及家属几天时间用来购物。这对于长期承受高压力、高强度工作的华为海外员工而言，无疑是最完美的事情。

华为驻外人员只要达到一定的资格就可以申请家属随行。而且，家属一旦随行，华为还会为驻外的他们提供必要生活福利，包括医疗费用及保险等。倘若不随行，华为则可以为在境外工作满一年的员工的家属提供探亲费用，一年一次。

当然，华为的福利并非只有驻外人员或老员工才能享受，对新员工，华为也为其设计对应的福利。考虑到刚毕业的应届生大多经济不宽裕，华为规定，新员工报到时的路费、托运费、体检费等费用皆可予以实时报销，内部培训期间的工资、福利按照规定如常发放。这在其他企业是非常少见的福利措施。

总体而言，奖励员工当下所需，为员工解决最迫切解决的问题，是华为福利设计的基本原则。经过多年来的不断优化，华为已经形成了一种体贴入微、打动人心的福利机制。

3. 注重感情投资，做好非物质关爱

在完善员工福利保障机制的过程中，华为除了在物质方面毫不吝惜之外，更注重传递人文关怀。

在1997年，任正非在《不要忘记英雄》的讲话中强调："我们要对早期参加工作，消磨了健康的员工，有卓越贡献而损害了健康的员工，对担子过重而健康不佳的高中级干部提供更好的疗养条件，使他们恢复健康。百年树人，不能因一时的干旱，毁坏了我们宝贵的中坚力量。"

2007年末，华为驻南非一位员工解梅芳（化名）在体检中被查出肾功能异常，疑似恶性肿瘤。残酷的病理现实和巨额的医疗费用让解梅芳难上加难，再想到自己的小儿子即将失去母亲，她处于崩溃的临界点。

解梅芳的部门领导很快将其体检结果上报，华为驻南非地区负责人得知后，立即动员华为员工进行慈善募捐，于三天之内筹集十几万元手术费，并立即安排她回国手术。因治疗及时，手术十分成功。手术后一周里，她先后收到来自各级领导和同事的祝福。总裁任正非也亲自致电，询问其身体情况以及是

否还需其他帮助,还安排秘书为其送去一束象征健康的康乃馨。

出院后,解梅芳很快回到了自己的工作岗位。她感慨道:"我的第一次生命是父母给的,第二次生命是华为给的,华为就像是一个家,任总是家长,我们所有员工都是家中的一分子。我会付出自己的全部努力,把这个家建造得更好!"

此外,任正非不仅要求企业对员工好,还要求华为员工对自己的家人好。比如,员工要把自己的第一份工资给父母;过春节回家时要给父母洗洗脚、陪父母聊聊天,爱护自己的兄弟姐妹,等等。这些至善关怀的传递和深入灵魂的教诲,引导着华为人凝聚成一个高度团结的大集体,即便在一次又一次遭遇危机后也能团结一致,走向新生。

彼得·德鲁克说:"你以什么样的态度对待员工,他们就会以相同的态度对待你的企业。"在华为,利益共享,"利出一孔";激励员工,用"薪"更用"心",这是华为能够"力出一孔"、所向披靡的关键所在。

第九章

自我批评，全员赋能，打造学习型组织

华为是一个在自我批判中探索持续成长之路的杰出企业。为了推动华为人的持续进步，华为鼓励员工自我批评、自发式学习，号召员工树立归零意识，同时设计了循环赋能、导师制等制度，来推动整个企业经验的承袭以及文化的延续，由此构建起一种员工高度自主、群体追求进步的学习型组织模式。

一、自我批判，红蓝较量，创造持续进步与发展

任正非曾言："世界上只有那些善于自我批判的公司才能存活下来。华为会否垮掉，完全取决于自己，取决于我们的管理是否进步。管理能否进步，一是核心价值观能否让我们的干部接受，二是能否自我批判。"只有让所有成员都重视批评与自我批评，将其视为必需行为和工作常态，企业才能由此实现更长远的成长与发展。

1. 转变观念，在自我批判中发现不足之处

任正非在《为什么自我批判》一文中写道："我们处在IT业变化极快的十倍速时代，这个世界上唯一不变的就是变化。我们稍有迟疑，就失之千里。故步自封，拒绝批评，忸忸怩怩，就不止千里了。我们是为面子而走向失败，走向死亡，还是丢掉面子，丢掉错误，迎头赶上呢？"任正非认为，敢于不断地自我批判，会让人们更直接地看到问题的根源与问题本质。所以，任正非曾面对数千名员工发出震耳欲聋的呼声。

2000年9月1日下午，华为研发体系组织了数千名员工参加了"中研部将呆死料作为奖金、奖品发给研发骨干"的大会。在这次会议上，华为把那些因在研发工作中态度不认真、测试结果不严格等而制造出的废料器件，还有那些为了去"救火"而购买的飞机票……全部装裱起来，作为"奖品"发给了数百

名骨干工作人员。在这次具有特别意义的"颁奖大会"上，任正非对华为人语重心长地说道："只要勇于自我批评，敢于向自己'开炮'，不掩饰产品及管理上存在的问题，我们就有希望保持业界的先进地位，就有希望向世界提供服务。"

任何危机事件之所以会发生，往往经历了一个从无到有、从轻微到严重的发展过程。假如华为没有举行这次"颁奖大会"，那么华为的研发人员可能一直认识不到这些问题的严重性；等到他们自己认识到时，可能为时已晚，损失巨大。

自我批判带来的是人们的警醒。8年之后，华为在同一会场上组织了一次"表彰大会"。从自我批判大会到8年后的表彰大会，其转变皆因华为人能够坚持自我批判，从而实现了群体认知与行为的进步。

任正非非常强调华为人的自我批评精神。而为了让华为上下都能不断地自我批判，华为在内刊《华为人报》《管理优化》报上开辟了专栏，要求员工以匿名/不匿名的形式进行自我批判。此外，华为还特别开展两种极具特色的活动：一是"思想批判"，即"民主生活会"，主要是就个人的思想作风、行为等加以批判；二是"组织批判"，建立红蓝军组织，就组织发展模式、发展战略决策进行批判。

2. 召开民主生活会，建立透明的监督环境

在任正非的号召下，华为公司会定期召开民主生活会。而华为人则在踏踏实实地进行自我批判的过程中，让自己获得了成长、企业实现了进步。

有一年，一位华为员工听到客户抱怨："我们的机房空间有限，却要安装你们三套网管系统，还要摆几台电脑。这些都是你们华为的设备，为什么不能统一管理，反而搞得这么麻烦？"原来，华为当时的传输、接入、IP 等产品领域缺少统一的产品解决方案，于是便出现了摆放多台网络管理终端的情况。于是，产品线决定开发一套用以优化管理的统一网管解决方案。

没想到，在开发时却出现了专家"打架"的局面：网管传送专家认为应该按"设备"管理方案；网管接入专家认为应该按"特性"管理方案……各方人员各持己见，讨论良久始终未能形成统一意见。

这时，一位主管站起来说道："每位专家都非常关注自己方案中的优点。现在，我们不妨都自我批判一下，我们的方案是毫无缺陷的吗？别人的方案难道没有一点出色的地方吗？"这话一语惊醒所有人。随后，大家开始心平气和地交流，最终融合了各专家的设计优势，形成了系统的产品架构方案，使问题得到了有效解决。

在 2009 年的网络技术专家反思会议中，有人再次提及此次事例并感慨道："之前的确是因为自己心态不够开放，习惯于从自己的角度考虑问题。其实我们更需要如海绵一样开放的心态，去接纳和欣赏别人。"事实上，华为技术专家们从各持己见到彼此接纳的过程，恰恰是因其通过自我批判而实现了观念转变，而后通过通力合作解决了架构难题。

（1）自我批判的核心与组织原则。任正非说："华为自我批判的前提是围绕核心价值观进行，绝不能走偏，走偏一点再扭回来。"围绕华为的核心价值观，人们可以这样自问："你是否以客户为中心？是否坚持艰苦奋斗？团队评价是否以奋斗者为本？"

参加民主生活会的每位参与者，要围绕华为价值观的践行情况，直白地描述自己身上存在的问题和不足，深度挖掘问题或不足产生的原因；同时也为其他企业成员全力提供帮助。而在批判的过程中，则严禁故意夸大事实，禁止对他人进行人身攻击，禁止上纲上线，反对情绪化。通过这样的批判与自我批判，使得华为员工个体与组织可能存在的各类问题，不至于被累积得过久或过多，绝大部分问题可以尽早得到纠正和处理。

（2）建立民主监督环境。在组织民主生活会的过程中，华为还特别建立了一种民主监督的透明环境。

2005年12月，华为在马尔代夫组织召开了EMT（公司级别的行政管理队伍）民主生活会，主要议题是干部队伍的廉洁自律管理。在此次会议上，EMT成员达成统一认识：作为公司的领导核心人员，正人之前必须先正己，真正做到以身作则。所有参会人员通过了自律宣言，在此后的两年时间内完成关联供应商申报与关系清理，并通过制度化宣誓方式覆盖所有干部，积极接受全员监督。

2008年春节前夕，华为在公司总部再次召开宣誓大会，面对与会的200位中高级干部，EMT成员集体举起右手，庄严宣誓。同年5—6月，华为面向所有部门、子公司，陆续开展宣誓活动。

通过这种方式，华为成功建立起了监督与被监督的环境，造就了一种自主开展思想批判的组织文化氛围，使得批判与自我批判文化在华为内部得以有效继承与推广。

3. 组织红蓝较量，为优化和建设而批判

与国际巨头相比，华为公司是相对年轻化的，其员工也大多是年轻人，这使得华为在早期管理方式与认识上明显不够成熟（如决策草率、管理随意等），由此导致企业组织和个人业务上经常遭遇挫折。所以，任正非强调："只有不断地自我批判，才能使我们尽快成熟起来。我们不是为批判而批判，不是为全面否定而批判，而是为优化和建设而批判，总的目标是要导向公司整体核心竞争力的提升。"

为了推进批判与自我批判精神得以落地，华为特别设立了自我批判组织机构——红蓝军组织。其中，"红军"代表华为的现行战略发展模式，"蓝军"则代表华为主要竞争对手采用的战略或当下的创新战略模式。蓝军组织最初由华为前高级副总裁郑宝用负责，带领"蓝军"在华为经营管理过程中"唱反调"，审视"红军"战略／产品／解决方案中可能存在的问题，大胆虚拟各种企业管理漏洞，甚至发出一些警示言论。然后，进行逆向分析讨论和批判性辩论，在技术层面深入探索差异化的颠覆性技术和产品。再为公司董事会提供一系列具有高可行性的建议，助力华为走在一条面向未来的、正确的道路上。

2008年，华为公司曾计划向贝恩资本出售华为终端子公司。然而，"蓝军"组织当时在研究时发现，华为终端业务的未来价值极为重大，并提出"云管端"战略（即云计算结合终端），全力阻止华为将终端业务"脱手"。如今，终端业务已经明显成为华为的重要盈利板块。

在制度层面，华为对"蓝军"以及"蓝军"所代表的反对声音给予了极大的宽容和理解。按照华为规定，华为的"红军"司令必须是从"蓝军"的优秀干部中选拔出来的。此外，华为还特别为"蓝军"提供保护机制。任正非强调："一定要让'蓝军'有地位。'蓝军'可能胡说八道，有一些疯子，敢想敢说敢干，博弈之后要给他们一些宽容，你怎么知道他们不能走出一条路来呢？"

现在看来，华为的自我批判是一项非常成功的创举。对于员工而言，这种自我批判能力极大地提升了华为人自我管理的理智力、自律力和内在控制力，让个体在思想观念上得以吐故纳新。对于企业而言，这种自我批判行动进一步促进了自我批判成果的实现，并使之转化成企业组织的高效行动力和持续发展力。从这个角度来说，华为这种通过自我批判去自主改善的模式，是一种非常值得业界学习和借鉴的管理模式。

二、训战结合，全员导师，让人才持续赋能

任正非曾多次强调"培训是通向华为明天的重要阶梯"。而为了保证这架"梯子"始终能够推动华为的持续进步，也为了确保华为培养出来的人才能够真正满足需求，华为在人员培训方面进行了很多卓有成效的实践。

1. **训战结合，提升员工的客户实战能力**

自 1996 年起，任正非提出"员工培训"主张，而后华为便正式开始建设人员培训机制，并对人员培训体系实施了多次优化和提升。

1997—1998 年，华为成立新员工培训中心，以培养新入职人员；1999—2000 年，华为因干部阶层的管理能力表现不足，而在业务部门设立了干部培训中心；2002 年，华为将新员工培训中心和干部培训中心整合为"华为培训中心"，对华为的培训师资与课程实施统一调配；2005 年，华为大学诞生，正式成为华为员工培训的核心机构。

通过对培训机制的持续改进，华为建立起一套完备的新老员工培训体系。同时，华为还坚持"实践出真知"的理念，强调"实时、实战、实用"，帮助参加培训人员将理论转化为价值。

华为大学培训的突出特征是实现训战结合，强化参训人员的专业作战能力。为了实现这一目标，华为大学与华为企业之间建立起一种非常紧密的协调关系。首先，华为大学会通过青训班、FLMP（一线管理者培训项目）等培训方式，为华为在职员工进行赋能，输出了一批批"能担当并愿意担当的人才"。而后，华为会将这部分参训人员安排到相应的岗位上，与实际客户进行业务对接，参加现实"作战"，以检验其培训效果。通过将静态培训转化为"行动学习"、从理论到实践的过程，从而让所有参加培训的人员习得的理论真正得到融会贯通。

2. 全员导师，一脉相承，推进传帮带一体化

在谈及人才的持续赋能问题时，任正非曾对 IBM 的专家直言："我们需要进行一些制度上的改良，你们比我们做得好，所以我们找到你们；但在人才上，我们还是要寻求自己培养，外来的和尚即便会念经，念的也是别人家的经，未必适合我们。"

为了使员工能够不断成长，并实现生生不息的传承效果，华为制定了以传帮带一体化为特征的全员导师制。所谓"全员导师制"，即华为的每个人都可以成为导师，将自己的优秀技能教授给其他员工。

华为认为，所有员工在工作中都是需要导师予以具体指导的，而且可以通过"导师"的指导而实现进步。所以，华为的所有新老员工都有自己的导师。即便是对于一些资历老、级别高的"老员工"，当其被安排到一个新岗位时，也会有需要学习之处。这时，华为会为其安排一对一的导师——这个导师有时甚至可能是这位老员工早年的学生，但只要在这个新岗位上后者表现出更强的能力，那么他就可以成为导师。

此外，导师的职责涉及多个方面。比如，在业务和技术方面，导师必须承担起技能传授、业务帮助、行为引领的责任，以便徒弟能够更快更好地适应岗位工作；在生活中，导师则要做好思想引导，让徒弟形成积极正向的心力，在徒弟遇到生活难题时提供帮助，使之能够全力以赴地投入工作。

华为的全员导师制是一种非常优秀的员工培养制度。这一制度的有效贯彻与践行，极大地缩短了员工进入新环境的磨合期，使之能尽快胜任工作，极

大地节约了人力资源管理成本，同时也使得团队关系更融洽，强化了团队的凝聚力和向心力。

3. 坚持循环赋能，让人才适应时代变化

早在2001年任正非便明确地指出："赋能是一场持久战，华为要将员工的持续赋能坚持到底。"

在华为，无论是对刚入职数天或数月的新员工，还是对入职多年的老员工，都设有对应的赋能要求。打一个比方，如果职前培训是在为人才固根、培土，那么职后持续的深度培训就是在为人才浇水、施肥，如果将二者有机结合起来，那么员工便会像树苗一样茁壮成长，并成为企业的栋梁之材。

在企业管理中存在一种规律性现象：员工度过入职磨合期后，工作效率会快速提升；但是，当其工作到一定阶段之后，又会出现工作瓶颈，不进反退。排除个别老员工应付误工的情况，更多人是因其已有技能水平无法满足时代和企业发展需求所致。

所以，华为非常重视对员工进行职后深化培养，并采取了很多举措。比如，参加先进机构培训学习，组织技术经验分享大会，实施轮岗制，鼓励干部上"前线"……这些都是以提升老员工工作能力为目标的积极措施。

2014年12月25日，任正非在华为第四季度区域总裁会议上说道："自古以来，英雄大多都是班长以下的战士。那么英雄将来的出路是什么呢？我们把他们送去需要的地方奋斗，让他们当'准将'，准备当将军。应该加快对这部分人的循环赋能。"在任正非看来，老员工甚至比新员工更需要参加赋能培训，

这样他们才能做到与时俱进，而给那些有着丰富实践经验的"革命英雄"再赋能，他们所创造的价值便会更加可观。

海尔总裁张瑞敏说过："没有培训的员工是负债，培训过的员工是资产；没有进修的员工是火柴，进修过的员工是钢材。只有通过不断的人才深化进修，才能打造出企业最坚实的核心战斗力。"华为坚持对新老员工进行持续赋能，不仅是在帮助员工实现技能镀金，也是在保障企业自身能够与时俱进，在日新月异的大环境下形成更突出的人才优势。

三、以空杯之心，自动归零，全员终身坚持学习

华为自主优化的又一个表现是，鼓励员工保持一种空杯心态，定期、主动地将自己清零，为自己持久赋能，虚心学习新的知识与技能。如此才能让自己持续进步，企业也会因此受益。

1. 倡导学习，开放思维，促进人与企业的进步

华为对学习呈现出许多企业难以想象的重视程度。早年，华为将学习以任务形式下达给员工，并尽可能为每一位华为员工提供更多学习和深造的机会。

1998年，IBM公司的近50位咨询顾问进驻华为，协助华为实施内部管理变革。随后5年里，华为专门组建了一个300人的管理工程部，以配合IBM顾问

工作。为了最充分地学习IBM专家所掌握的知识经验，任正非要求管理工程部对接组的全体成员"要不遗余力地缠着IBM专家，进行交流和学习"。而且，任正非还经常询问顾问对接组人员："有没有请顾问们吃饭？"这里的吃饭过程实际也是学习的过程——在拉近距离、建立感情的轻松氛围中习得额外的知识与经验。

一位华为高管在回忆这个经历时称："我们几乎每晚都会请IBM的专家吃饭，恨不能用24小时持续地询问各种细节。但是，那些专家喜欢喝茅台，每次餐费都很贵，这让我签单时时常犹豫。好在任总给我们划拨的预算非常充足，这也是为了支持我们全力以赴地学习。"

当然，长期坚持全面、系统地学习，不仅充实了华为人的大脑，还成了华为企业进步的阶梯。

众所周知，华为手机业务的起步时间相对较晚，而且最初效益不甚乐观，特别是小米手机如黑马般爆出之后，更是给其他国产手机品牌带来了极大冲击。但是，华为从小米身上学到了丰富的经验。比如，小米设计了自己的小米商城，华为也开设了自己的Vmall；小米有一群忠实的米粉，华为经营起自己的花粉；小米擅长做爆款手机，华为则集中精力推出精品新机；小米甫一确定举办米粉节，华为便隆重推出了荣耀狂欢节……可以说，华为得以在国内手机市场站稳脚跟，并逐渐成为中国移动通信设备领域的霸主，这一切都得益于华为自主创新的成果。

2. 坚持学习，自动清零，倡导坚持放空式学习

华为反对故步自封，提倡从学习和再学习中获取成功。华为在支持与鼓励员工学习的过程中特别强调两个概念，一个是"清零"，另一个是"放空式学习"。所谓"清零"，是指所有职位层级、薪酬等级全部初始化，晋升、加薪全部从头，或从零开始。所谓"放空式学习"，指的是暂时让自己忘记一切，以一种空杯心态去虚心学习新的知识与技能。这样的学习过程也是企业以一种积极学习的心态不断开拓明天的过程。

为了鼓励华为人坚持学习，华为还高度提倡"板凳要坐十年冷"的专家精神，鼓励华为员工在自己的岗位上把一切吃透，成为一个领域的专家。任正非说："在冷板凳上坐的都是一代英豪。科学是老老实实的学问，要有思想上艰苦奋斗的工作作风，要有坚定不移的精益工作目标，要有跟随社会进步与市场需求的灵活机动的战略战术。做实不是没有目标、没有跟踪、没有创新，但没有做实就什么也没有。点滴奋斗与持之以恒的努力，踏踏实实地在本职岗位上不断地进取，太阳已经在地平线下升起。当然，也希望公司能尽早识别出那些在板凳上坐了多年，有奋斗精神、有贡献、有热情的默默无闻的优秀员工，不要让雷锋们等得太久。"

在《华为人报》第272期上刊登了一篇名为《一直向前只因不愿落后——专访账务管理部五级专家周缨》的文章。文中，作者徐平向周缨提出了一个问题："您是如何从一个毫无经验的大学生成长为账务五级专家的？"

周缨给出了这样的回答："一是抱持空杯心态，无论身处什么岗位，都

应不断归零地学习，不要觉得自己已经什么都懂。华为在不断发展，不学习的人必然会被淘汰。二是深入了解业务，尤其是作为财务人员，我这里提到的业务是非财务类业务，如交付销售。如果空有财务知识，而不知道自己面对的业务情况或环境，那么便难以提出契合实际需求的财务解决方案。"

这也恰恰是华为在"学习"方面对员工的基本要求。此外，华为还特别强调：所有人都要接受再学习的机会；对于不能坚持学习与进步的奋斗者，华为采取不予重用的策略。所以，如果华为人拒绝学习、再学习，就等同于放弃了自己的职业晋升机会。

2014年，为了加强员工的技能经验贡献，创造更便利的学习条件，任正非还在华为人力资源工作汇报会上指出，华为要建立公司内部平台，按不同战场进行分类，通过内部授权与内部圈之间的联络，形成一个能够共享的信息安全圈，以帮助人们提升自己的能力水平。

3. 善于不断学习，让学习主体泛化

华为奉行"不断学习"的思想，鼓励员工和员工家属都善于不断学习。所谓"善于不断学习"，特别涵盖了两重意义：终身学习；全员学习。

（1）终身学习：生命不息，学习不止。华为倡导员工终身学习，这样才能形成组织良好的学习气氛，促使其企业上下在工作中不断学习。如任正非，在思想上始终保持着高度开放状态。一次，员工问他平时有什么爱好，他笑着说："我最大的爱好就是阅读，读书是最好的务虚。"虽然他已

经 76 岁，但仍然每月读上 15 本书。关于政治、经济、历史、社会、艺术等各方面的书籍，任正非都会进行选读。此外，他还会关注时事新闻以及相关报刊，以了解其他成功企业的发展动向，向其学习成功的发展与管理经验。

（2）全员学习：新老员工甚至家属都应不断学习。华为重视企业全员的合作学习和群体智力的开发。所以华为倡导所有人都要全身心投入到学习中，不仅普通员工需要学习，高层决策者也需要学习。

此外，在一封致员工家属的信中，任正非这样写道："不要以为过了学生的时代，就不用读书了，要让读书成为生活的一部分。很多人都说自己没有时间读书，那要看我们如何挤出读书的时间……"由此可见华为学习氛围的浓厚。

四、创立华为大学，打造"付费"学习型组织

为了激发员工学习的主动性，获得深度学习的机会，同时确保企业培训投入的产出效果，华为组织了很多灵活的人才赋能模式。

1. 开发自助式赋能活动，强化主动学习态度

为了鼓励员工主动学习，华为开发了一系列自助式赋能活动。自 2003 年开始，华为先后推出了"案例集锦""知识竞赛""代码评比"等多样化活动。

这些活动并不要求员工必须参加，但凡是参与这些活动的员工都必须丰富自己的知识、提升自己的能力水平，才能在活动中获胜。

在这个不断学习、持续赋能的过程中，华为不仅从管理层面进行了方式创新，各部门和员工也自行组织了一些活动。

为了让一线将士们拥有更多学习和丰富自我的机会，昆明代表处的负责人联合所有办事处人员，于2014年正式组织了"滇峰大讲堂"。"滇峰大讲堂"的授课内容不限，形式不限，甚至连授课人员也不限。只要是对员工提升自我修养和放松心态有帮助的课程，都可以予以安排。"滇峰大讲堂"的主题演讲内容甚至比一些企业的大规模培训还要丰富。自开课以来，曾上过代表处电软核产品经理主讲的《移动与VOLTE》课，以及作为客户代表的云南省移动客户中心总经理带来的《传播正能量——感悟人生》等，都是很棒且被员工喜爱的演讲内容类型。

一位华为昆明代表处员工曾在《华为人报》上发表文章："对于压力巨大的一线员工而言，能够在轻松的学习环境中学习，在提升技能的同时得到放松，更加有利于我们工作效率的提升，从大讲堂上学来的知识被有效利用，也帮助我们赢得了一场又一场的胜利。在4G三大战役中，昆明代表处一年突破三大运营商，无线格局翻天覆地；企业网、终端也在本地市场一骑绝尘。这些成就，犹如万里长征一步步走来，更加坚定了我们坚持学习、坚持团结、坚持分享快乐，用华为人特有的坚持与乐观在云南这块土地上收获成功的喜悦。"

在华为，类似"滇峰大讲堂"类型的活动不胜枚举。这些依托组织而设计的自助式的赋能活动，使得华为员工能够通过自主选择的方式，针对自己的当下需求和未来需求，积极地参与到持续赋能的过程中来。

华为成立了华为大学。任正非早年明确阐明创立华为大学的设想："我们要创办的华为大学，是一种以自学为主的教育引导体系。它主要是通过引导干部员工不断进步，严格要求自己、约束自己，使自己向着目标逐步迈进。这就是华为大学的真谛。"事实上，华为大学确实做到了这一点。

2. 建设学习型组织，打造培养将军的摇篮

2005年，华为正式注册华为大学。华为大学坐落于深圳市，占地面积达27.5万平方米，教学区占地面积15.5万平方米，校内配置有9000多平方米的机房、100余间教室，以及500多个办公座位，能同时容纳2000名客户和员工进行培训。目前，华为大学已拥有数千名专兼职培训管理的专业人士，他们分布于中国国内和世界各大洲的分部/代表处。

华为希望华为大学能够成为华为培养人才、选拔干部的重要阵地，而按照任正非的话来说就是"把华为大学变成培养将军的摇篮"。

华为大学的实践分为对内对外两个方面：在对内方面，华为大学依据企业发展总战略和人力资源战略，建立了一套科学的人员培训管理体系；通过对工作人员和管理人员的系统培养，助力华为的战略落地、业务发展和人才增值等目标的有效落地；在对外方面，华为大学积极配合华为公司的业务发展和客户服务策略，为华为的客户和合作伙伴提供了很多技术和管理培训解决方案，极大地提升了客户满意度。此外，华为大学还与他们一起分享企业管理的成功经验，实现协同共进、共同成长。

可以说，华为大学的建设，使华为上下提升了人才能力水平，突破了组织成长的极限，同时也融洽了华为与客户、同行业者的关系，推动了华为的持续发展。

3. 首创自负盈亏模式，以投资保证产出

在华为培训体制中，有一条不成文的规定，那就是："人力资本增值必须大于财务资本增值。"简单地说，人才是最宝贵的财富，华为要通过人才的价值提升，来实现企业的财务增值。

华为之所以高度重视人才培训和人才增值效果，这与华为公司的人才资本投入密切相关。在过去近30多年的时间里，华为每年都要拿出总收入的10%作为下一年的研发经费，这样持久的巨额投入对于企业的压力是极大的。在如此巨大的研发投入下，如果华为的研发人员（研发人员人数几乎占到公司总人数的一半）素质能力欠缺，那么将给华为制造出巨额的成本浪费。

为了确保人才增值，华为必须做好人才培训工作。但是，人才培训同样需要耗费很大成本。据统计，华为每年培训的新员工超过2万人，最多一年甚至高达3万人，这同样是一笔巨额的费用支出。为了有效控制员工培训成本，华为首创了国内企业大学自负盈亏的运营管理模式。

除了创立华为大学初期有所投入，华为近年来几乎不需要向华为大学支付任何费用。因为华为大学并非成本中心，外部企业在华为大学参加培训时需要支付费用，其内部员工在参加培训时也需要支付费用。

虽然华为新员工在华为大学接受培训时是免费的，但老员工若想到华为

大学参加培训则需要交纳培训费。平时，华为大学会将不同的学习资源推送至企业 IT 系统，有需求的人员可以自主申请学习。

以高研班课程为例，华为高研班的每期课程历时 9 天，学员需要自费 2 万元，参训前需请假停薪。即便如此，华为员工仍然会积极参加培训，因为这种培训确实会帮助参加者提升个体能力水平，使之获得晋升的实力和机会。

曾经有华为人质疑华为大学的培训收费问题。对此，任正非明确指出，华为大学如果不收钱，会导致资源被无穷调用，而在训期间，人员又不能为企业创造价值，最终只会导致企业被累垮。而且，华为大学自负盈亏，才会促使人们想办法提高培训业务水平，创造让人乐于买单的产品和服务。

从华为大学十年来的价值贡献来看，任正非的思路无疑是正确的。如今的华为大学，已经被建设成一项增值业务。而为培训付费的"客户"因自己实实在在地付了费，所以更加珍惜去培训的机会，努力学习并深入挖掘华为大学的潜能，从而最终实现华为与个人的双赢、双增值。

后 记

闻悉本书即将出版，不胜感慨。这本书从最初的调查研究到中途的构思与写作，再到最后的审阅出版等，可以说是一个艰难而辛苦的过程，也是一个自我学习的过程。之所以说是自我学习的过程，是因为在过去的一段时间里，围绕这本书的研究与写作，我获得了各种各样的帮助，这些帮助包括心智上的点拨、具体写作过程的指导和资料收集论证上的协助等，在此深表感谢！

本书写作时间紧迫，因此书中难免存在不足之处，欢迎广大读者批评指正。

参考文献

[1] 林超华. 华为没有成功,只有成长:任正非传[M]. 武汉:华中科技大学出版社,2019.

[2] 周显亮. 任正非:除了胜利,我们已无路可走[M]. 北京:北京联合出版有限公司,2019.

[3] 吴春波. 华为没有秘密[M]. 北京:中信出版社,2017.

[4] 黄卫伟. 价值为纲:华为公司财经管理纲要[M]. 北京:中信出版社,2017.

[5] 田涛,殷志峰. 枪林弹雨中成长[M]. 北京:生活·读书·新知三联书店,2017.

[6] 田涛,殷志峰. 黄沙百战穿金甲[M]. 北京:生活·读书·新知三联书店,2017.

[7] 田涛,殷志峰. 厚积薄发[M]. 北京:生活·读书·新知三联书店,2017.

[8] 余胜海. 任正非和华为[M]. 武汉:长江文艺出版社,2017.

[9] 张利华. 华为研发(第3版)[M]. 北京:机械工业出版社,2017.

[10] 希文. 任正非内部讲话[M]. 哈尔滨:哈尔滨出版社,2017.

[11] 黄卫伟. 以客户为中心[M]. 北京:中信出版社,2016.

[12] 杨少龙. 华为靠什么 [M]. 北京：中信出版社，2014.

[13] 黄继伟. 华为内训 [M]. 北京：中国友谊出版公司，2016.

[14] 黄继伟. 华为工作法 [M]. 北京：中国华侨出版社，2016.

[15] 程东升，刘丽丽. 华为三十年：从"土狼"到"狮子"的生死蜕变 [M]. 贵阳：贵州人民出版社，2016.

[16] 田涛，吴春波. 下一个倒下的会不会是华为 [M]. 北京：中信出版社，2012.

[17] 张继辰，王伟立. 华为目标管理法 [M]. 深圳：海天出版社，2015.

[18] 黄卫伟. 以奋斗者为本 [M]. 北京：中信出版社，2014.

[19] 汤圣平. 走出华为 [M]. 北京：中国社会科学出版社，2004.

[20] 冠良. 任正非管理思想大全集 [M]. 深圳：海天出版社，2011.